# LA GRAZIA DI DIO

## LIBRO DA COLORARE ADULTO
## CHRISTIAN EDITION

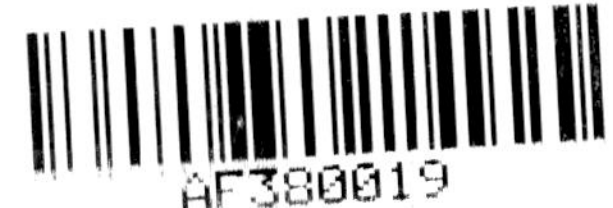

**Coloring Bandit**



Pubblicato da Speedy Publishing Canada Limited

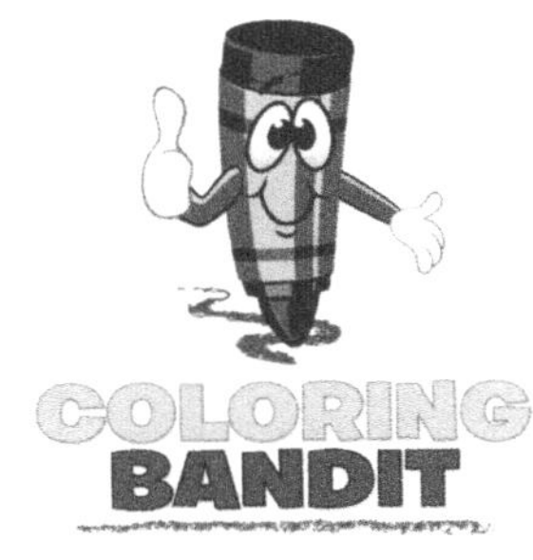

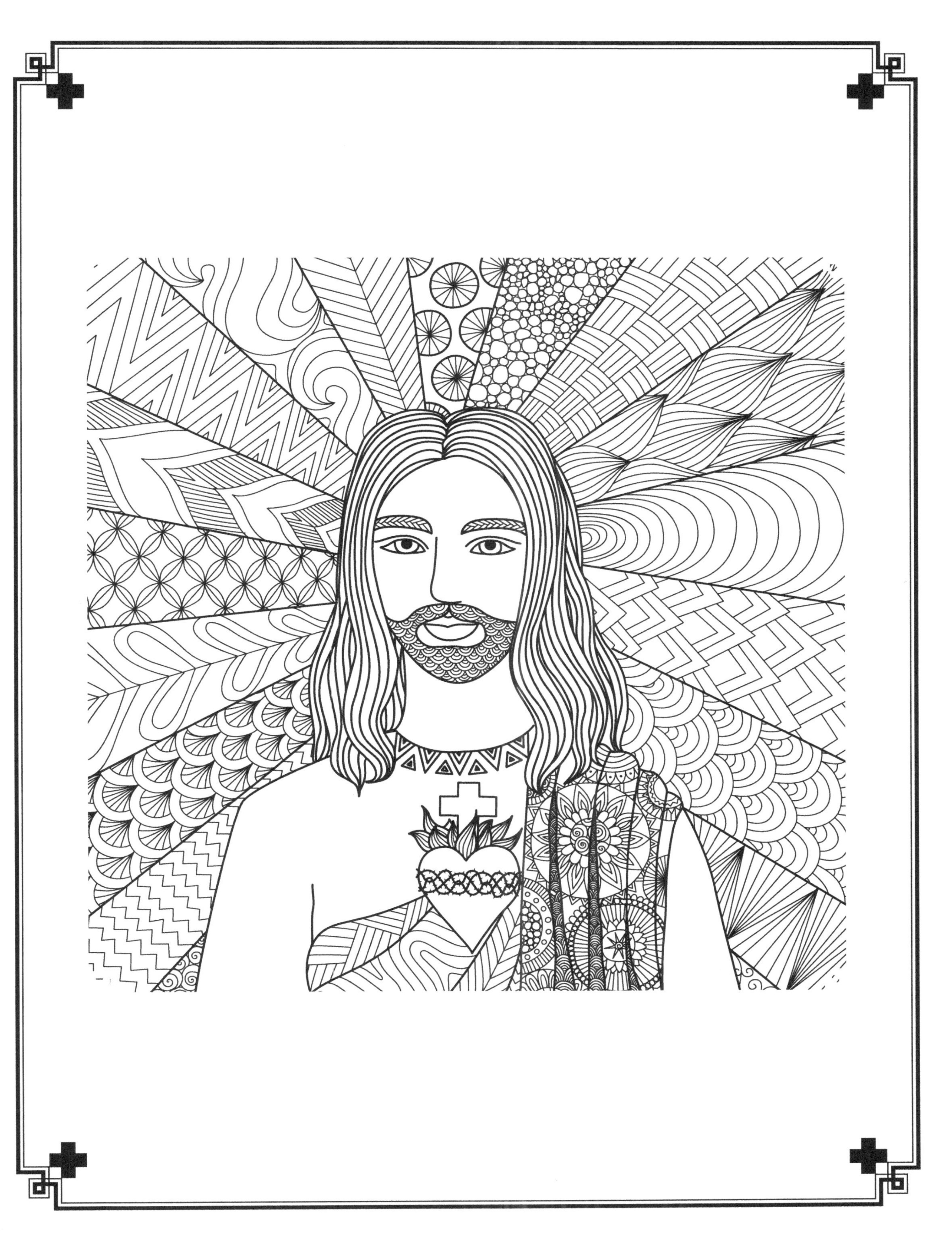

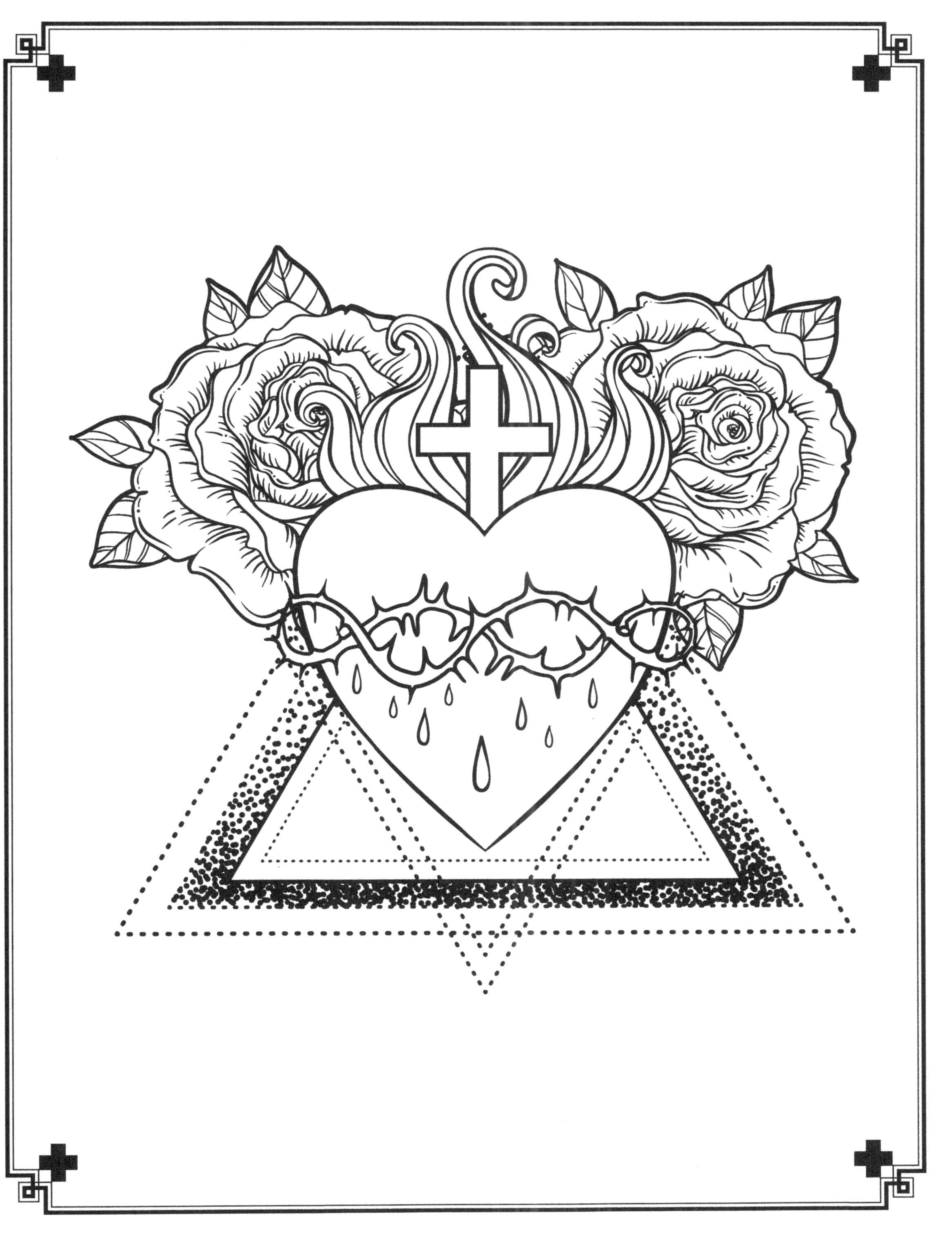

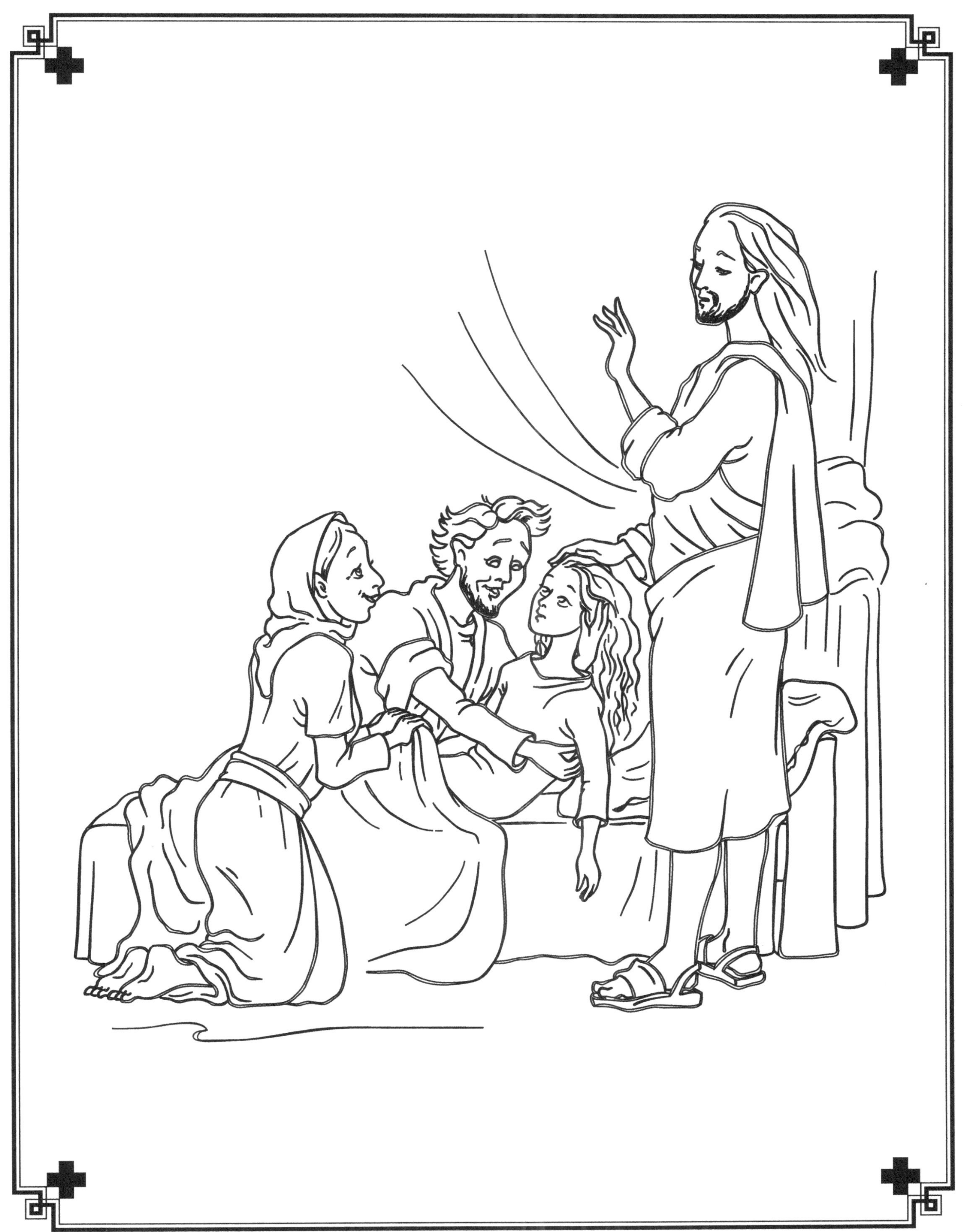

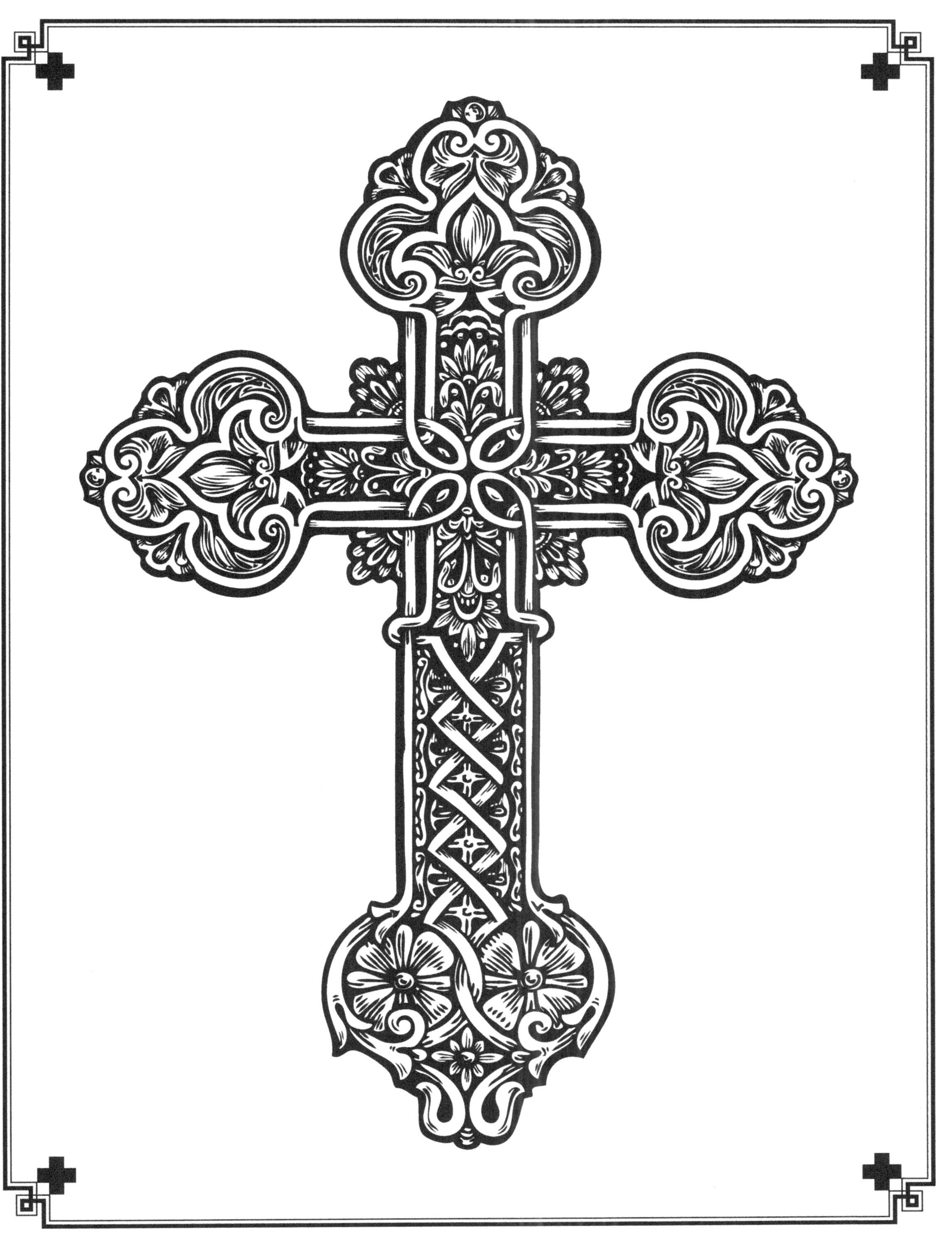

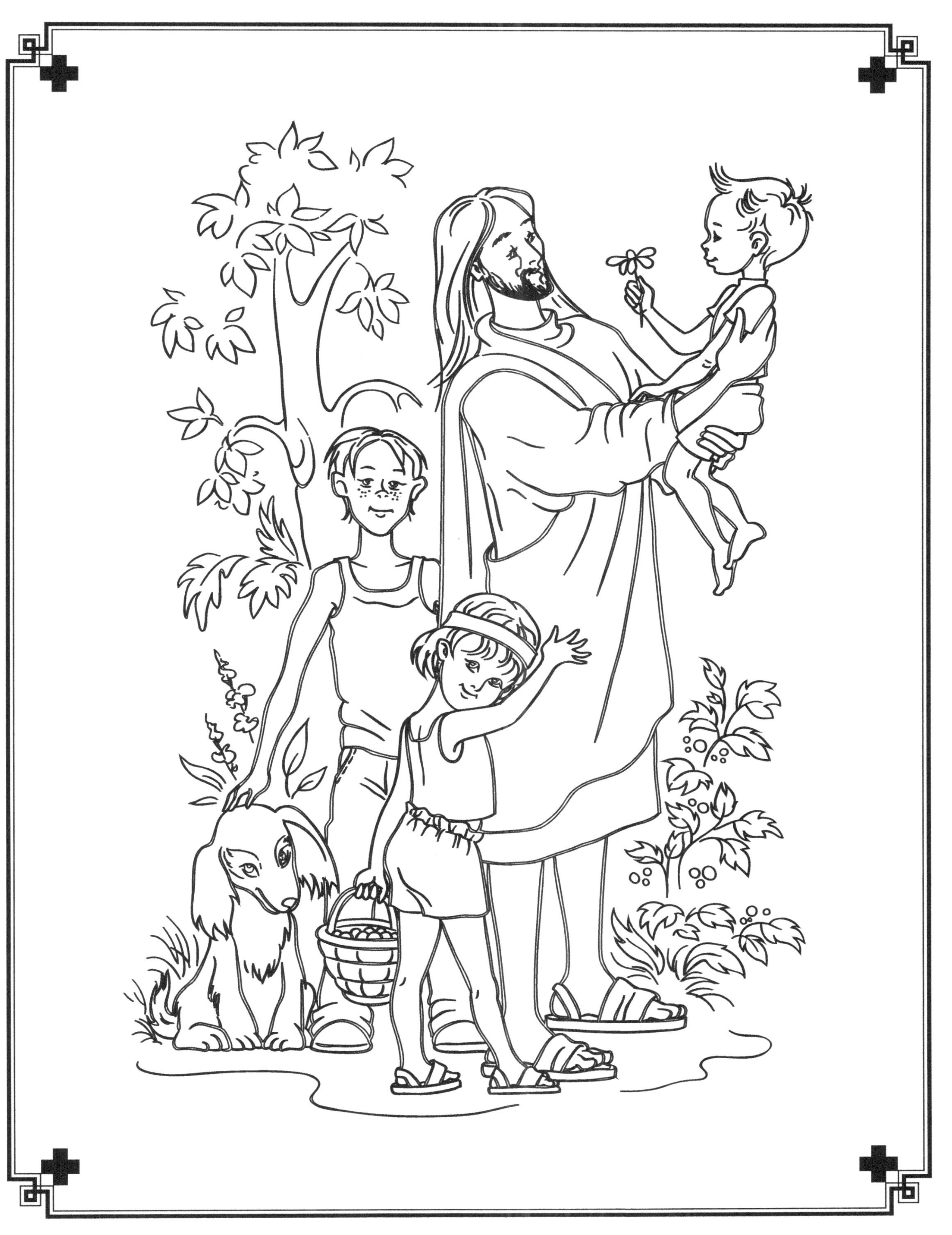

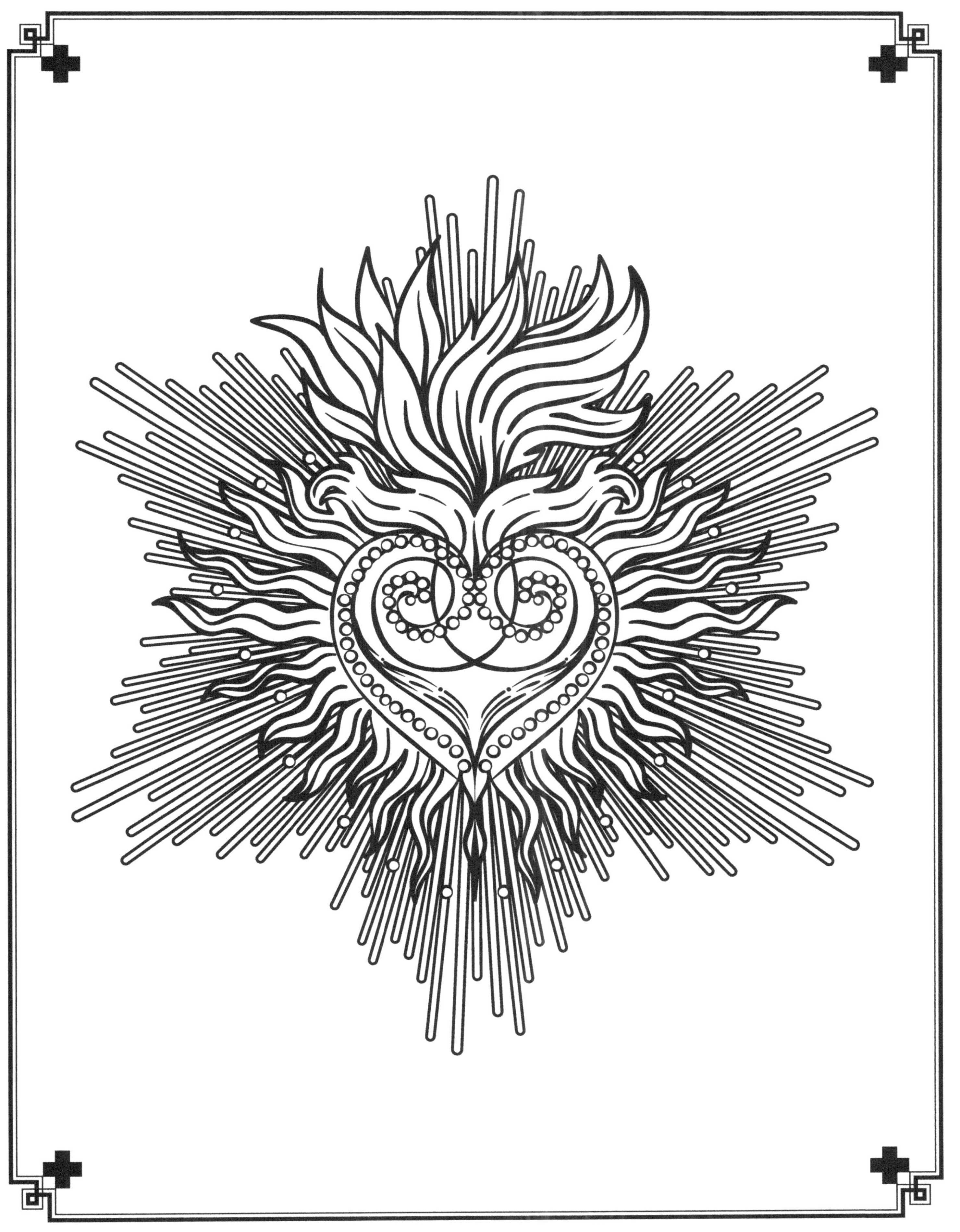

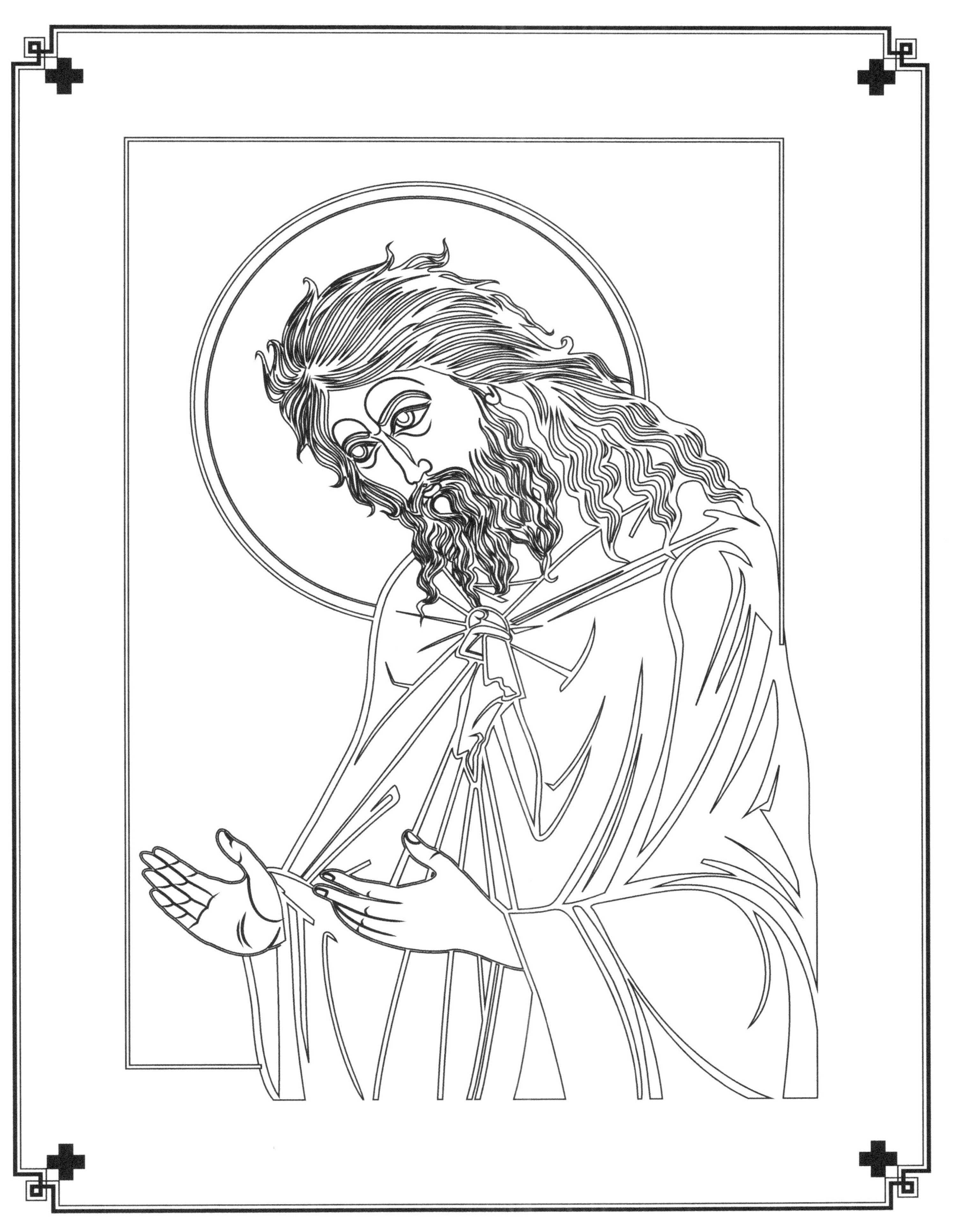

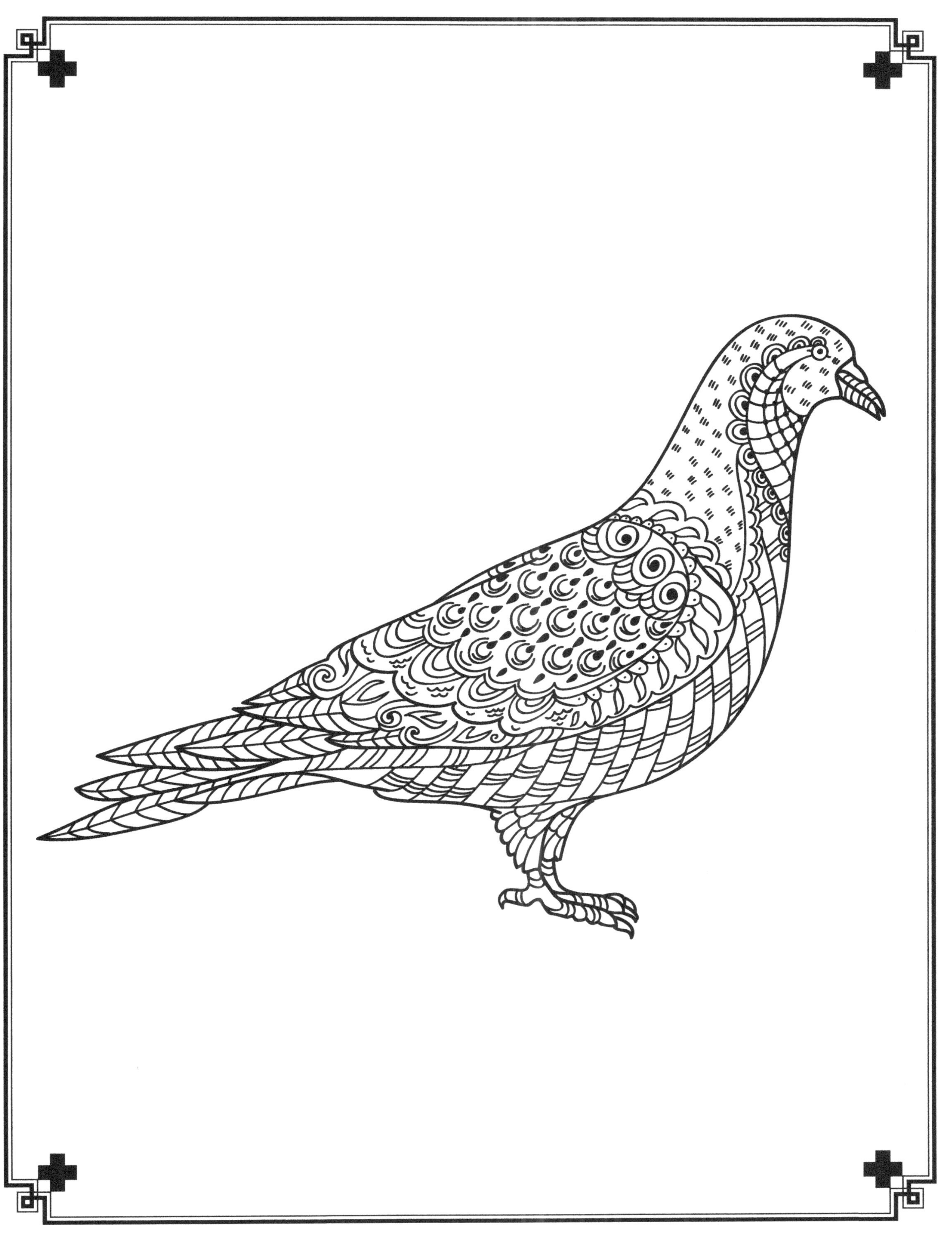

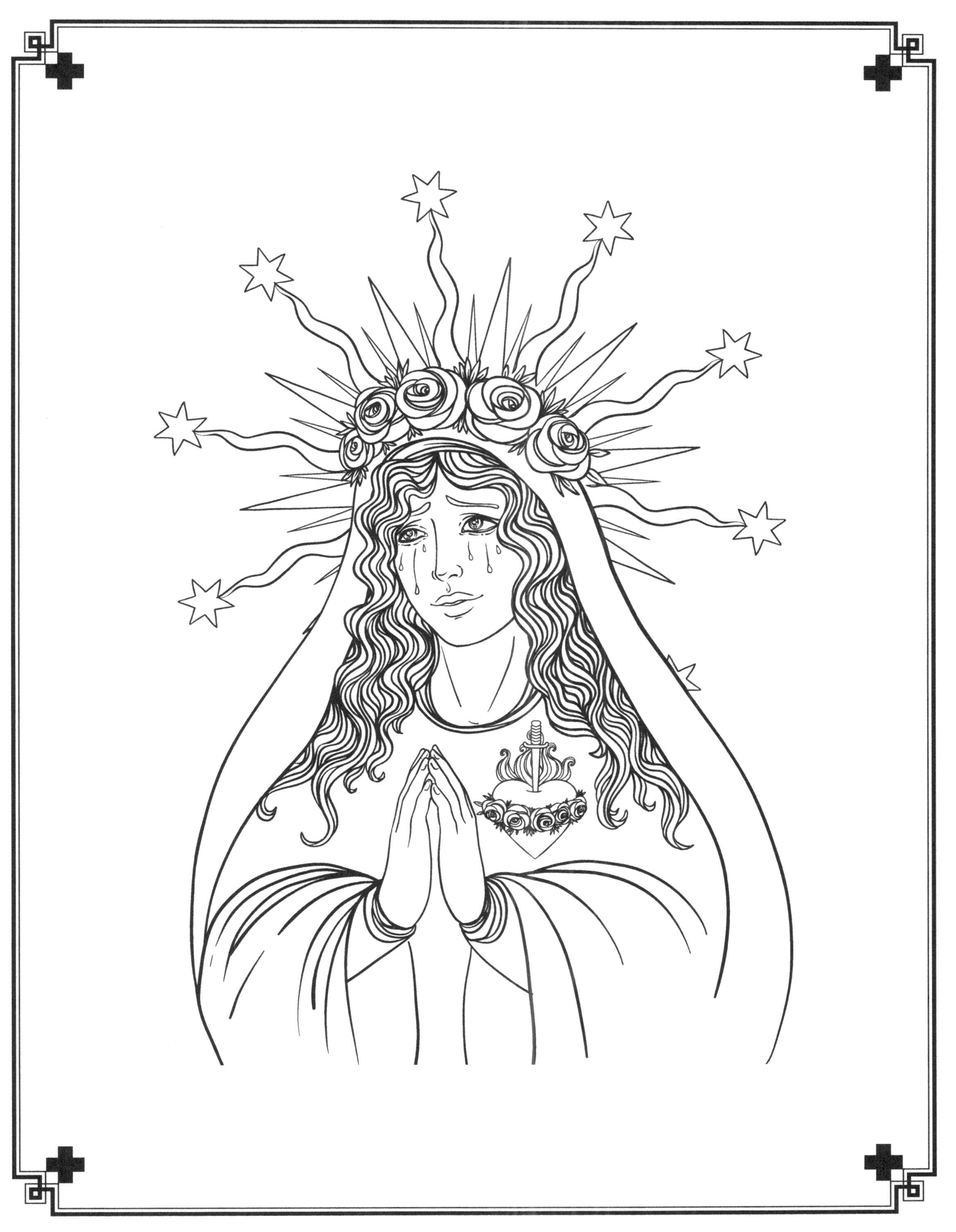

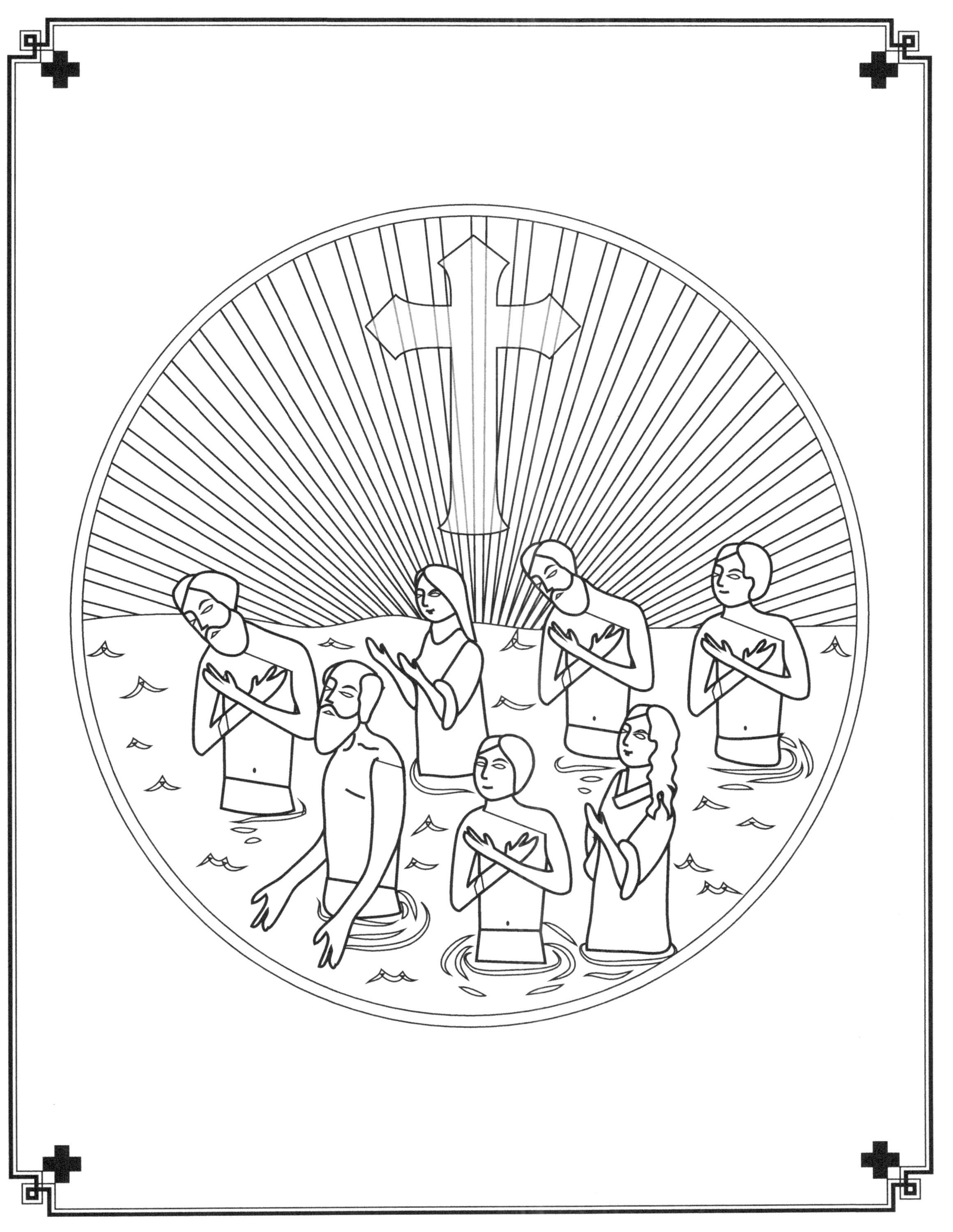

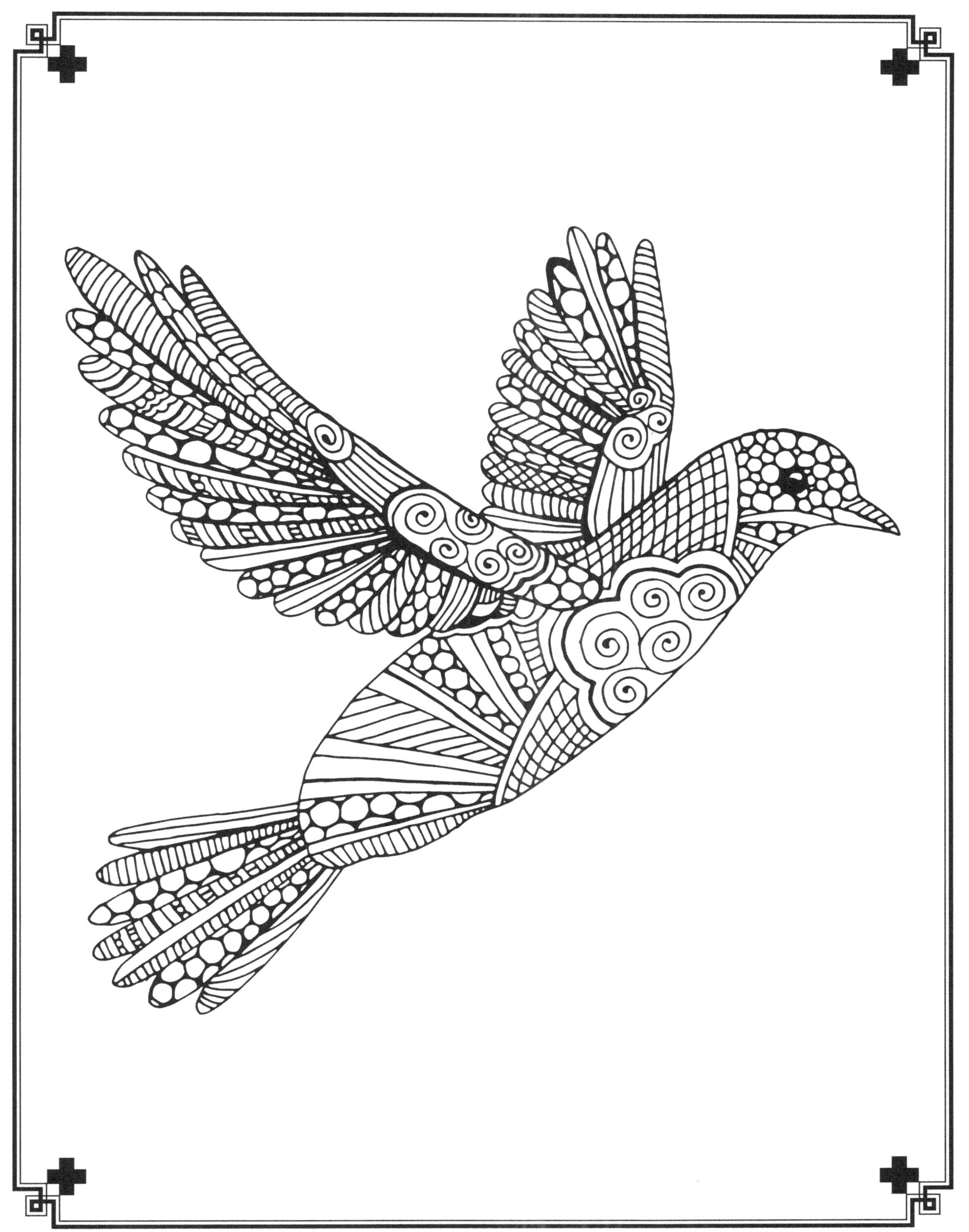

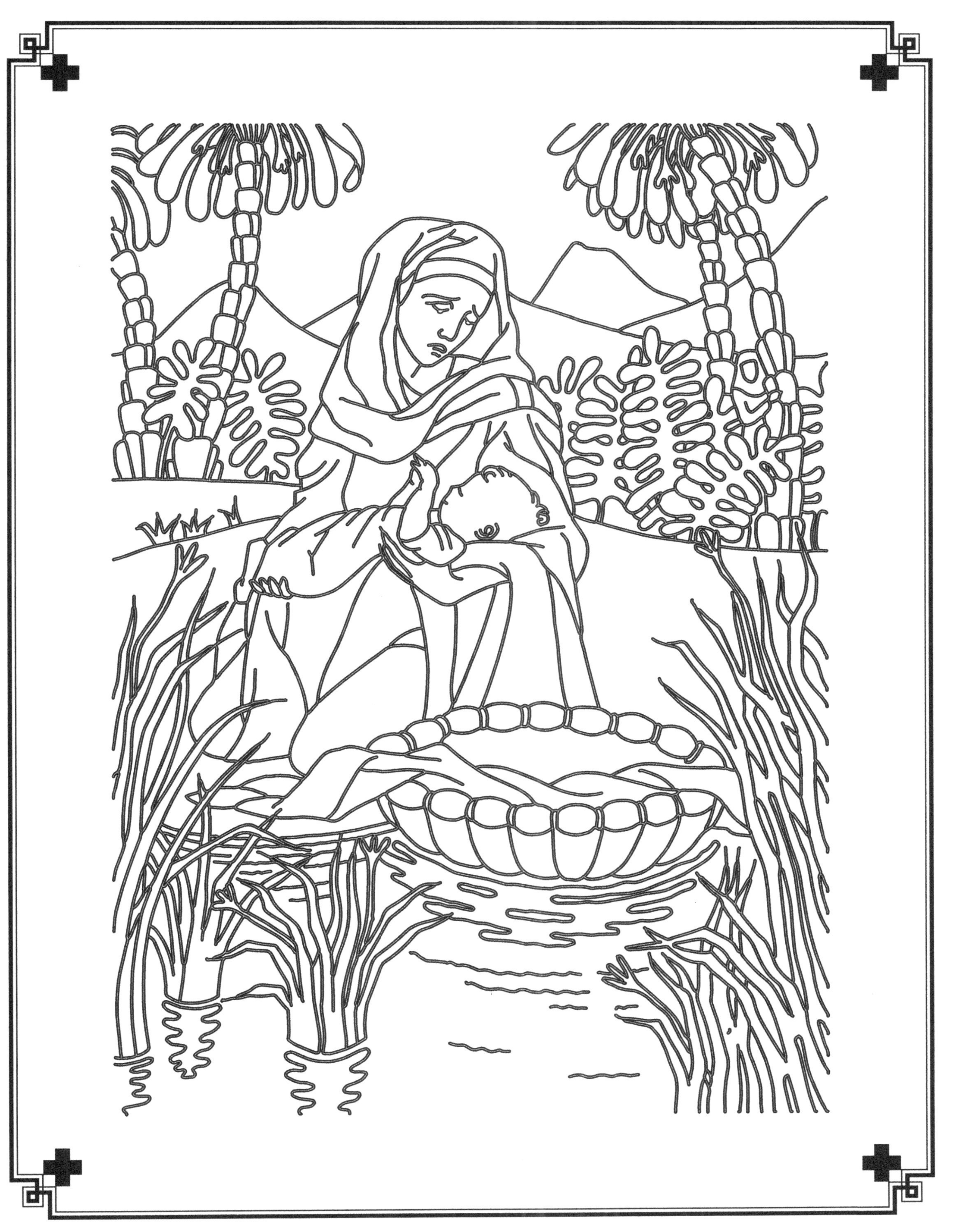

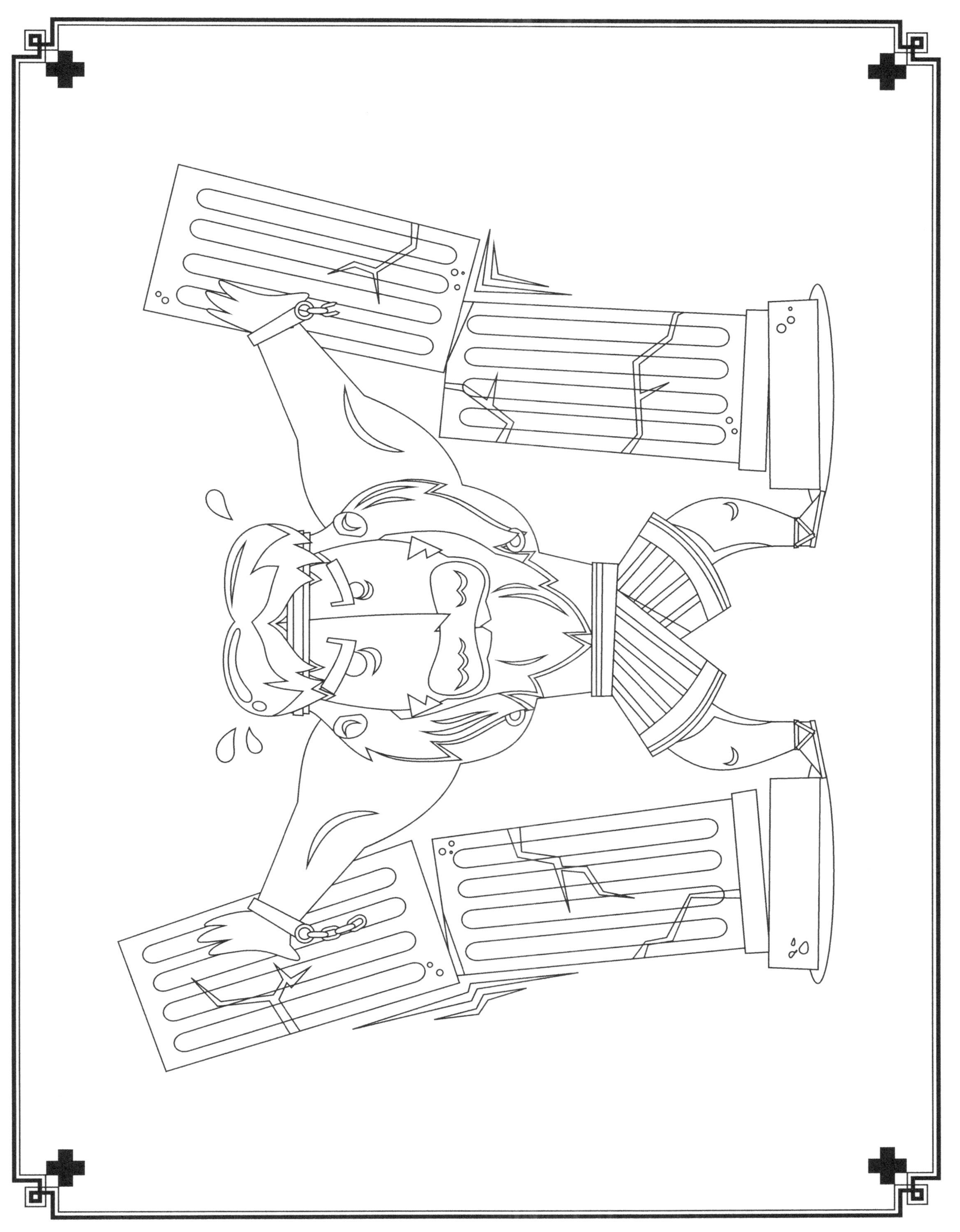

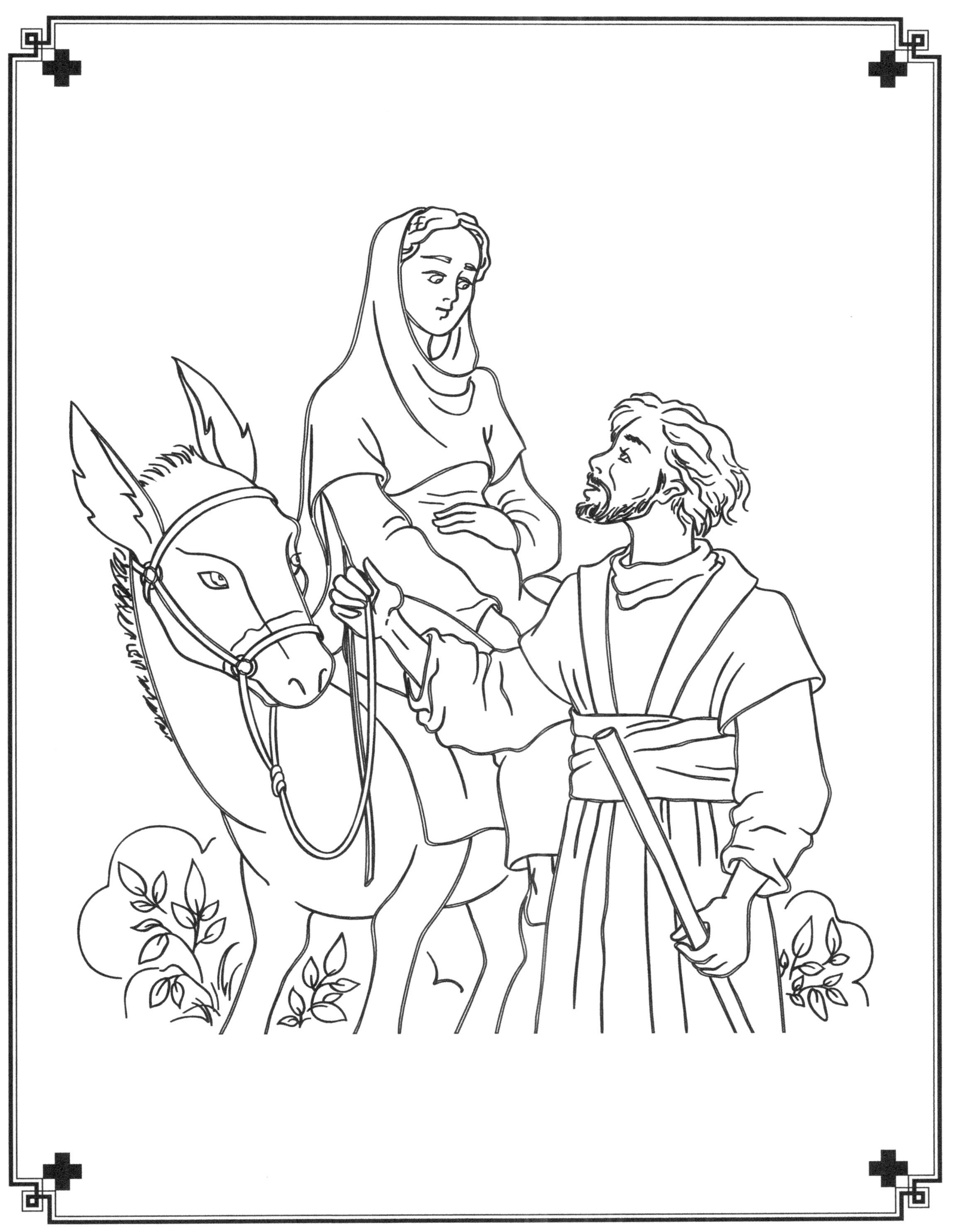

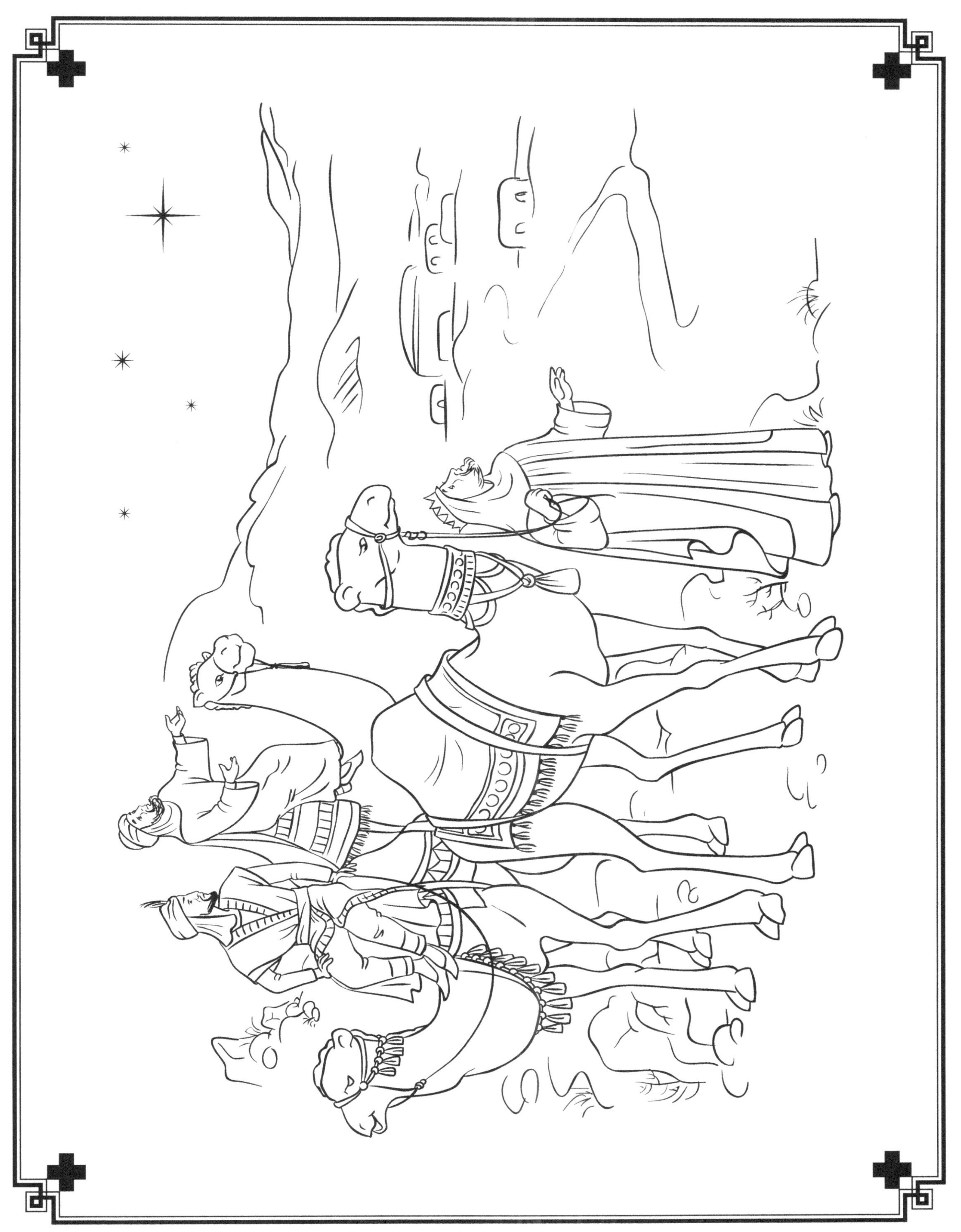

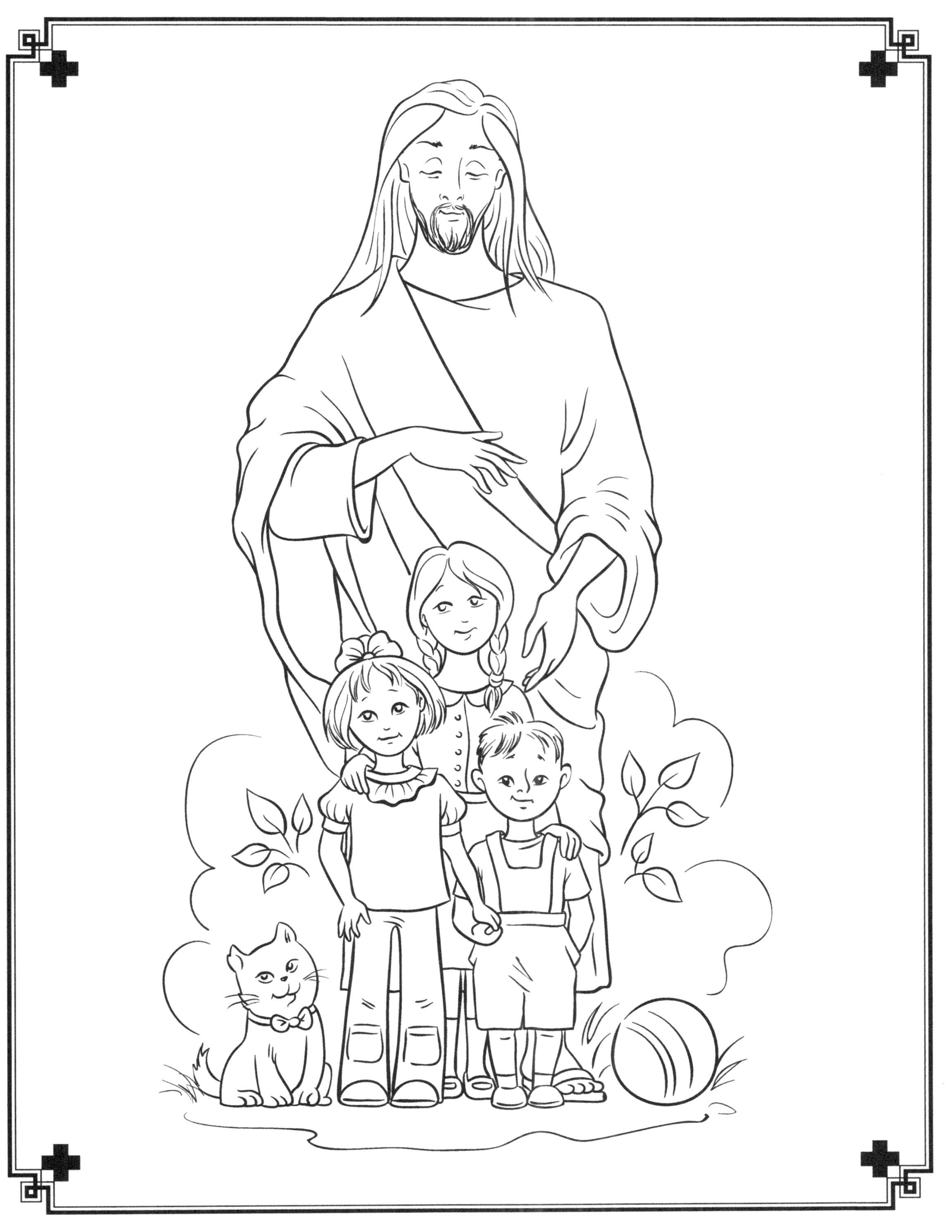

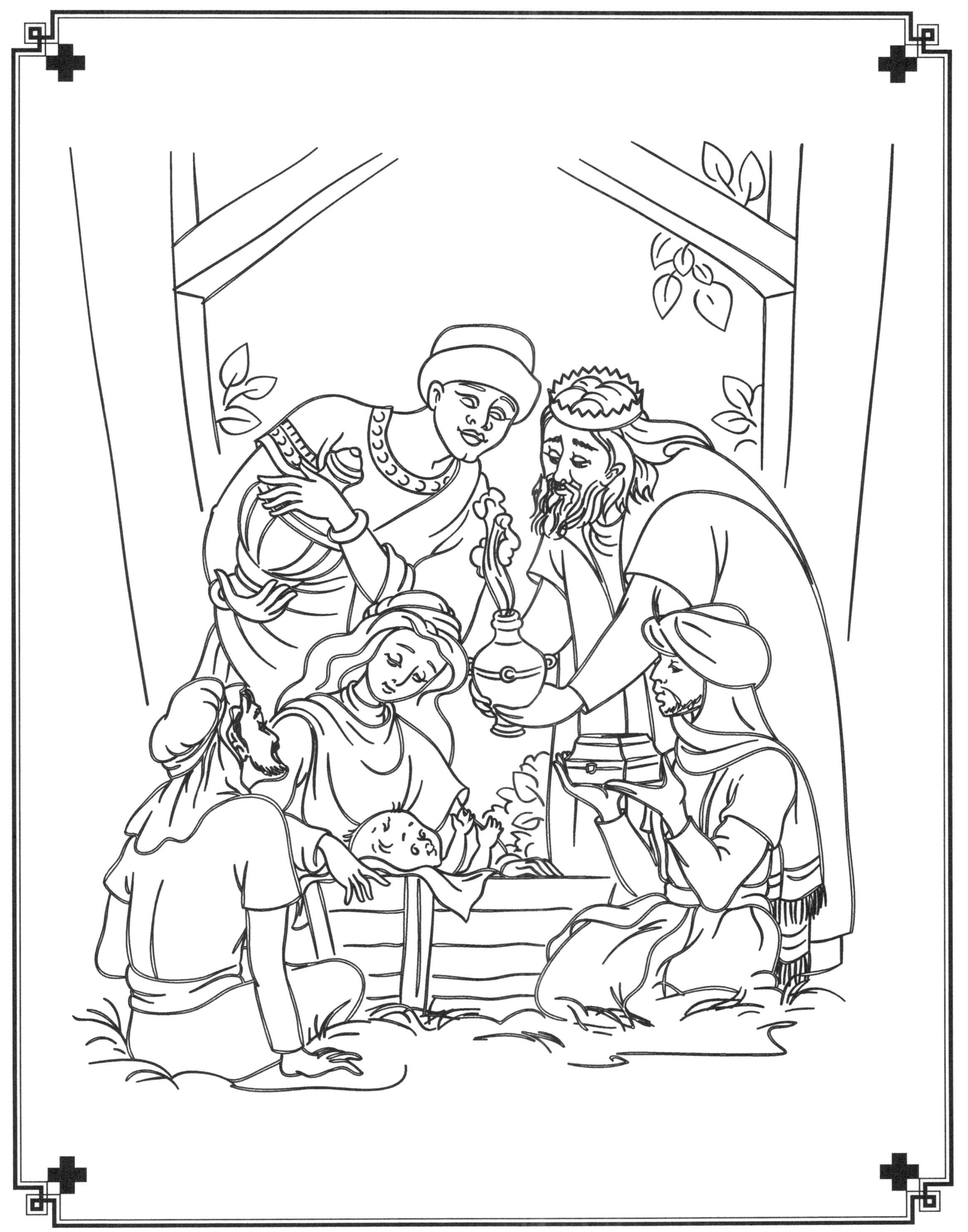

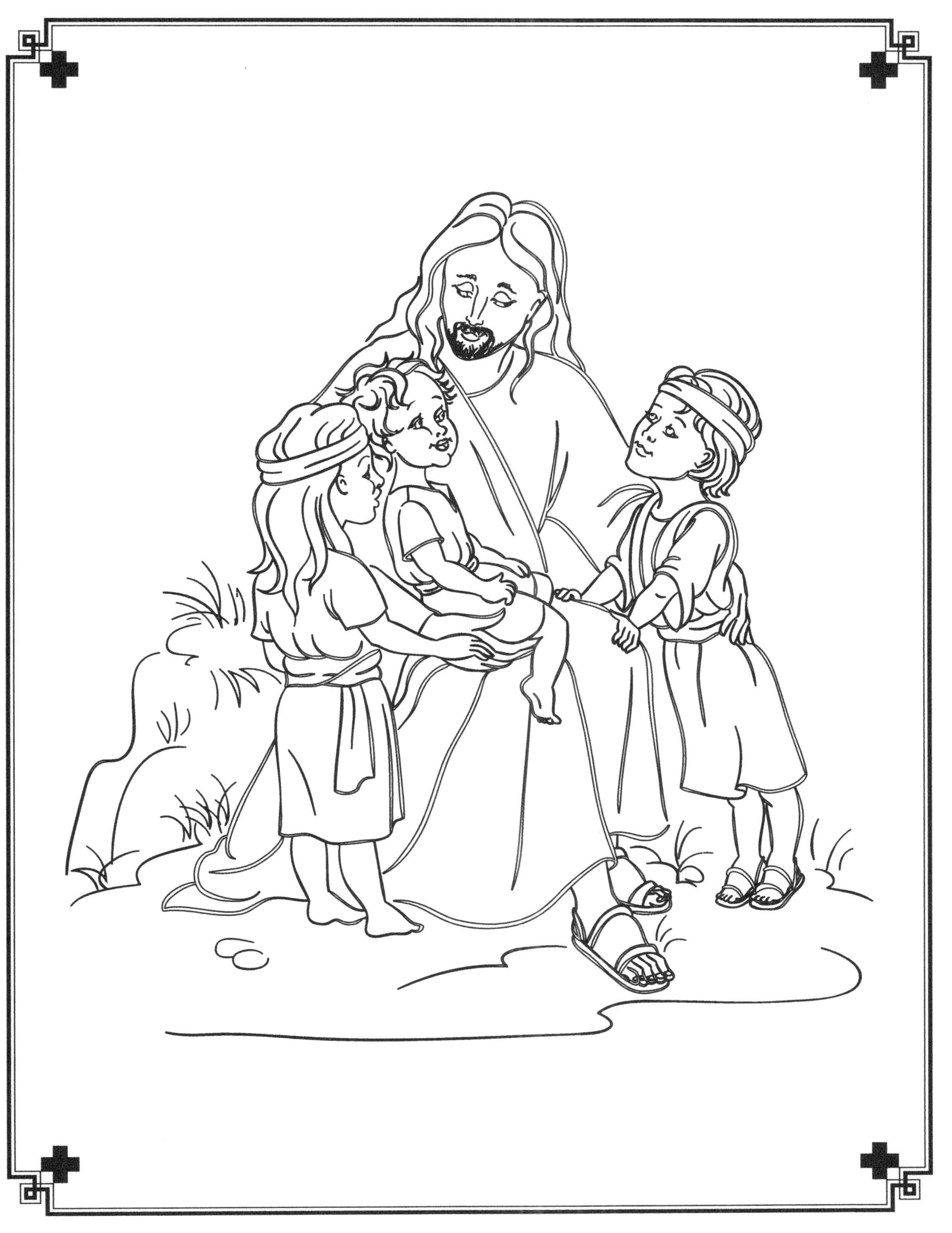

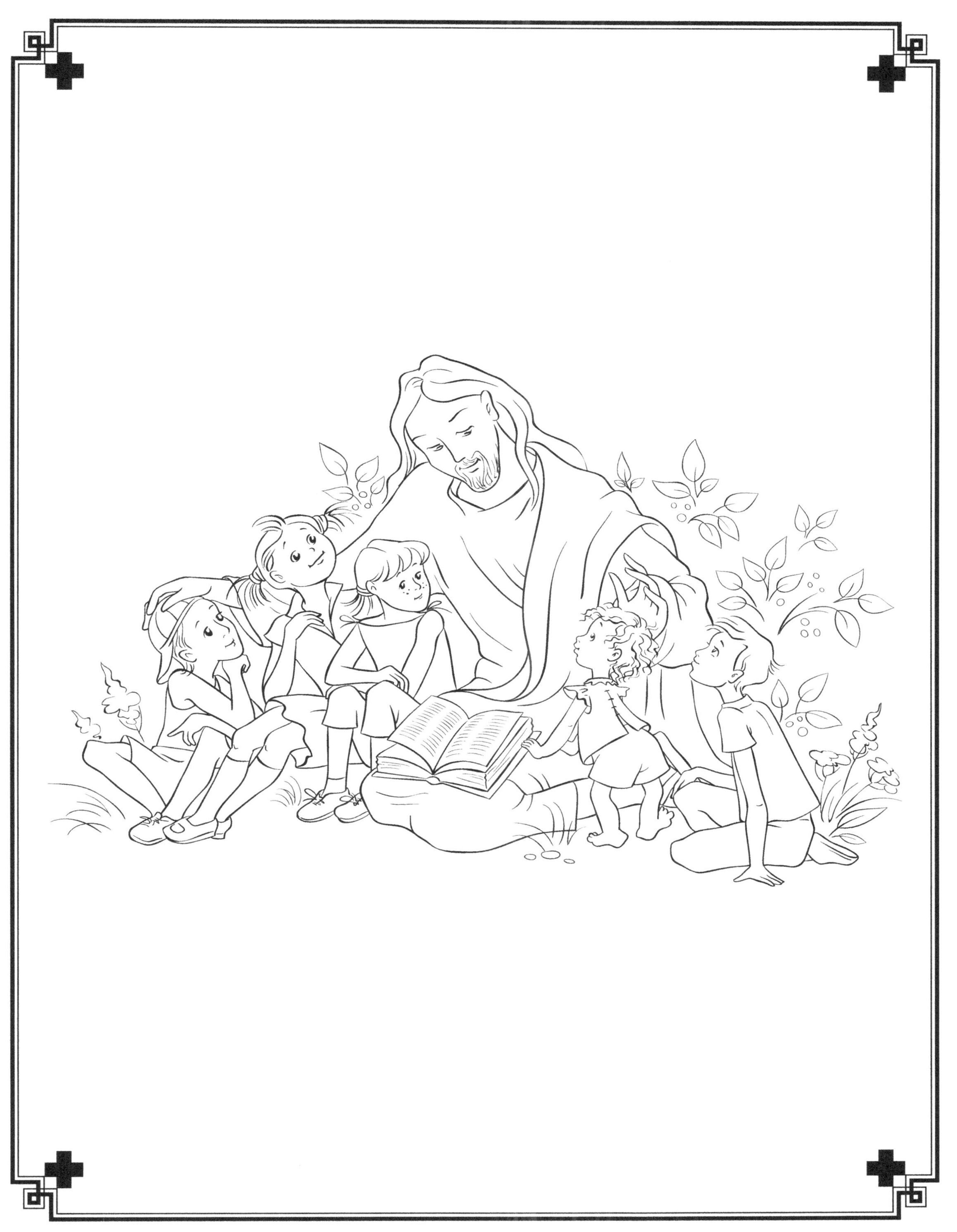

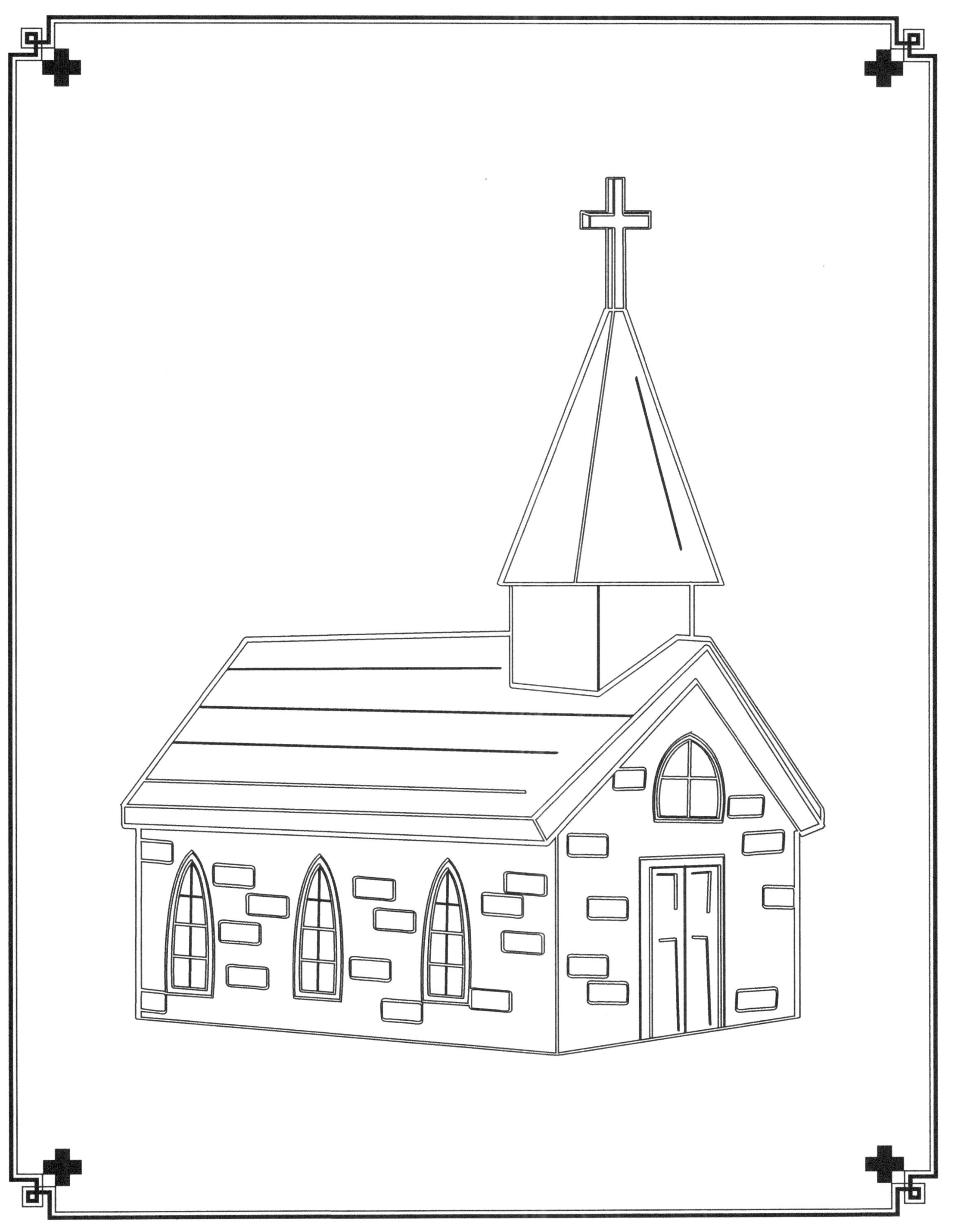

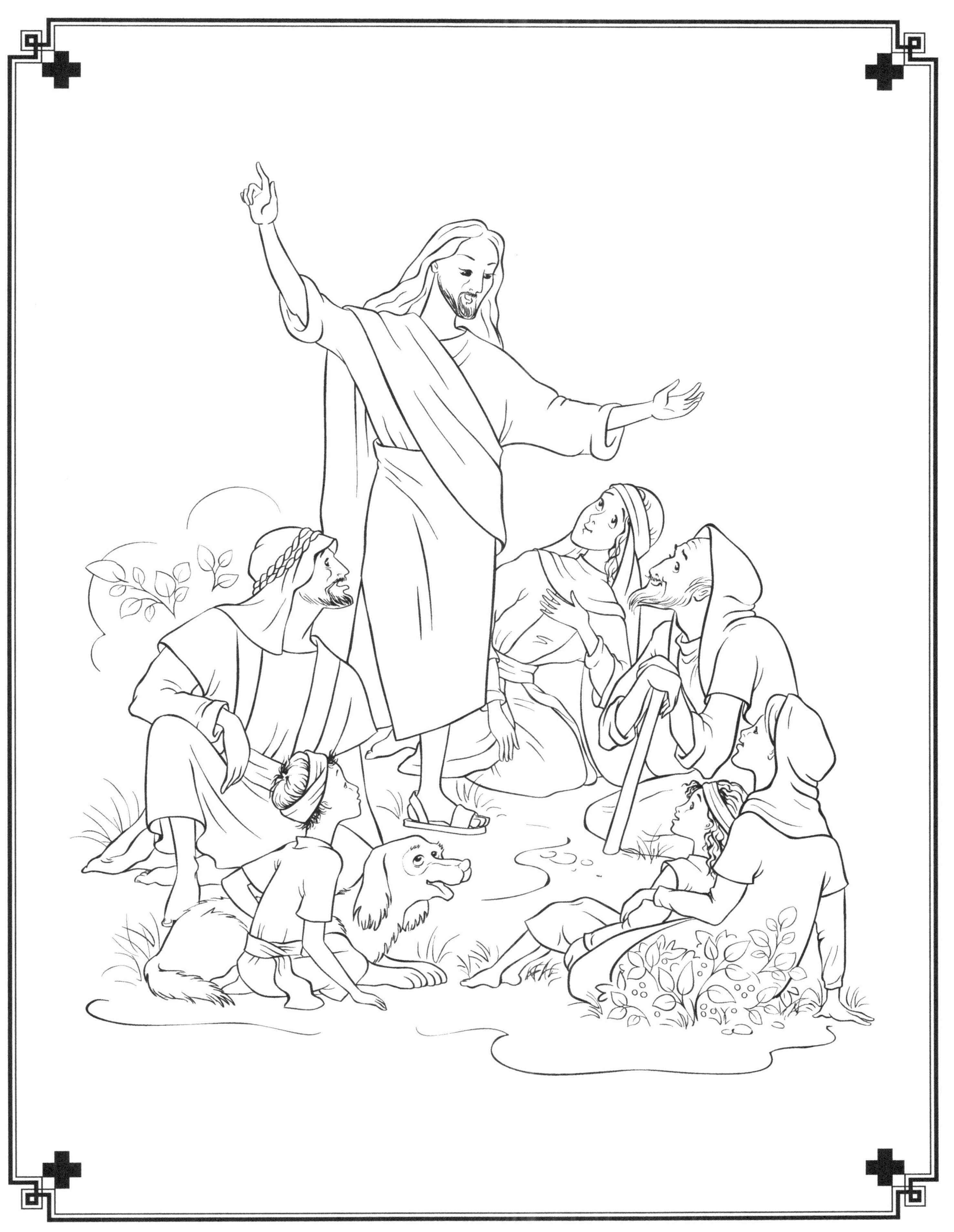

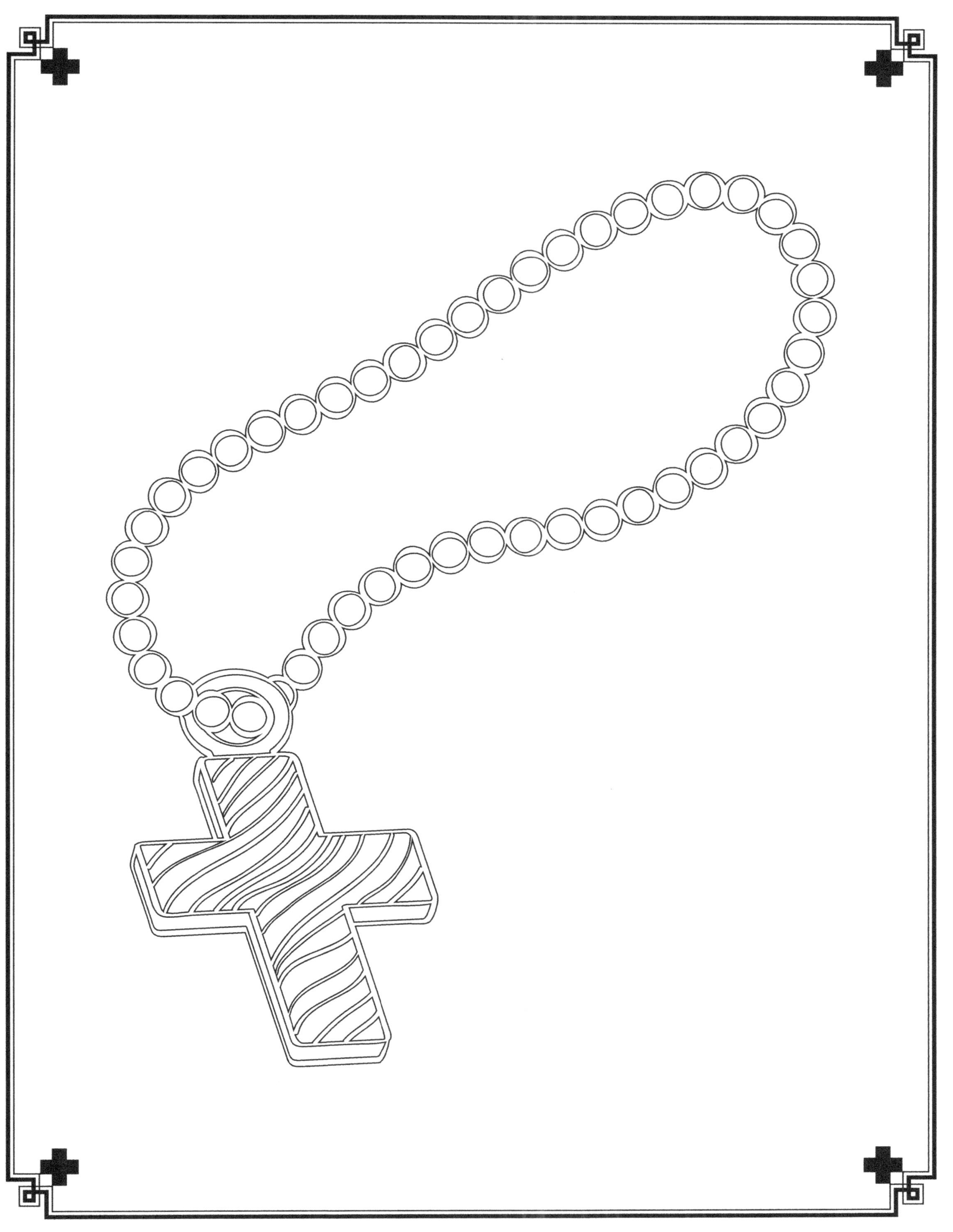

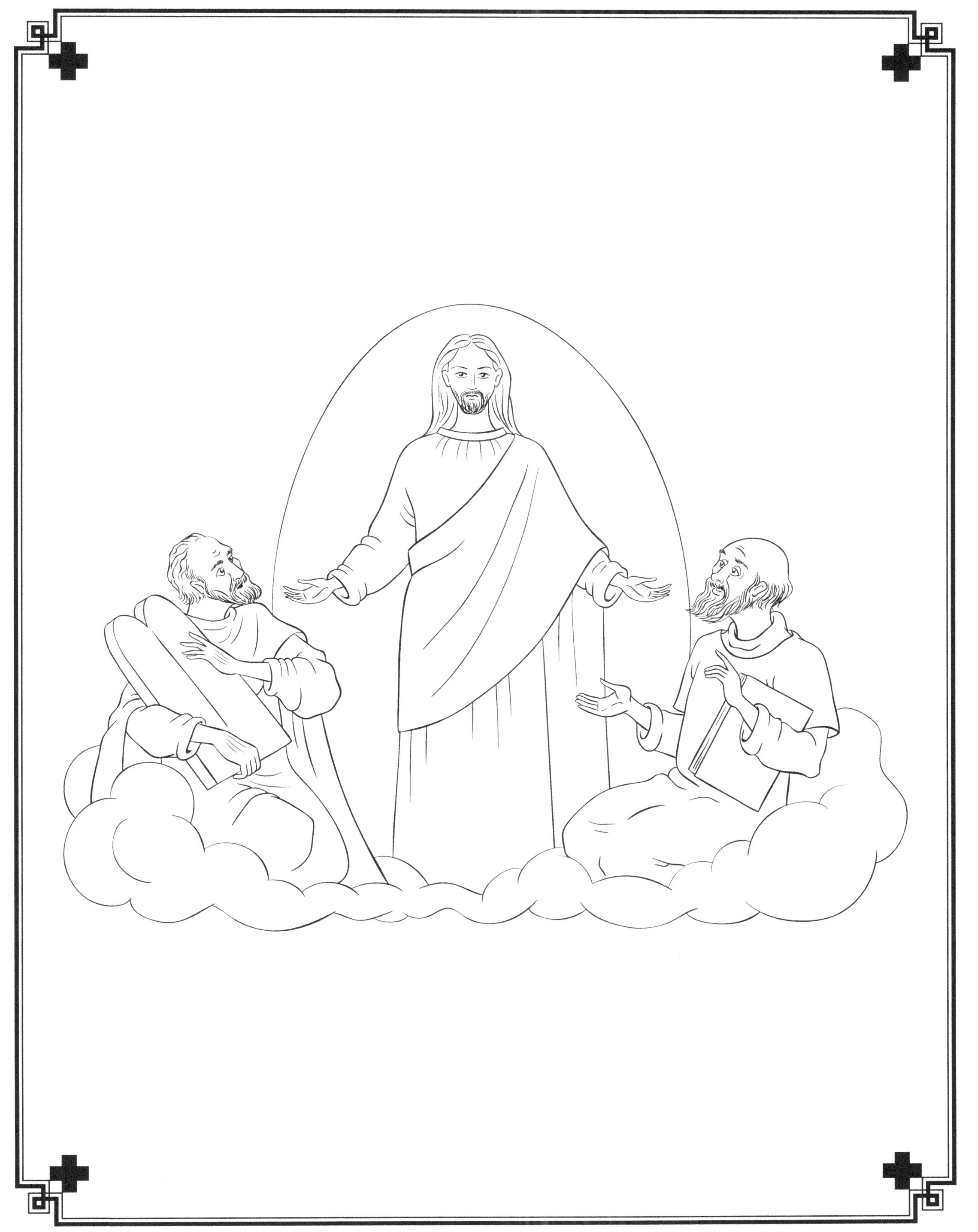

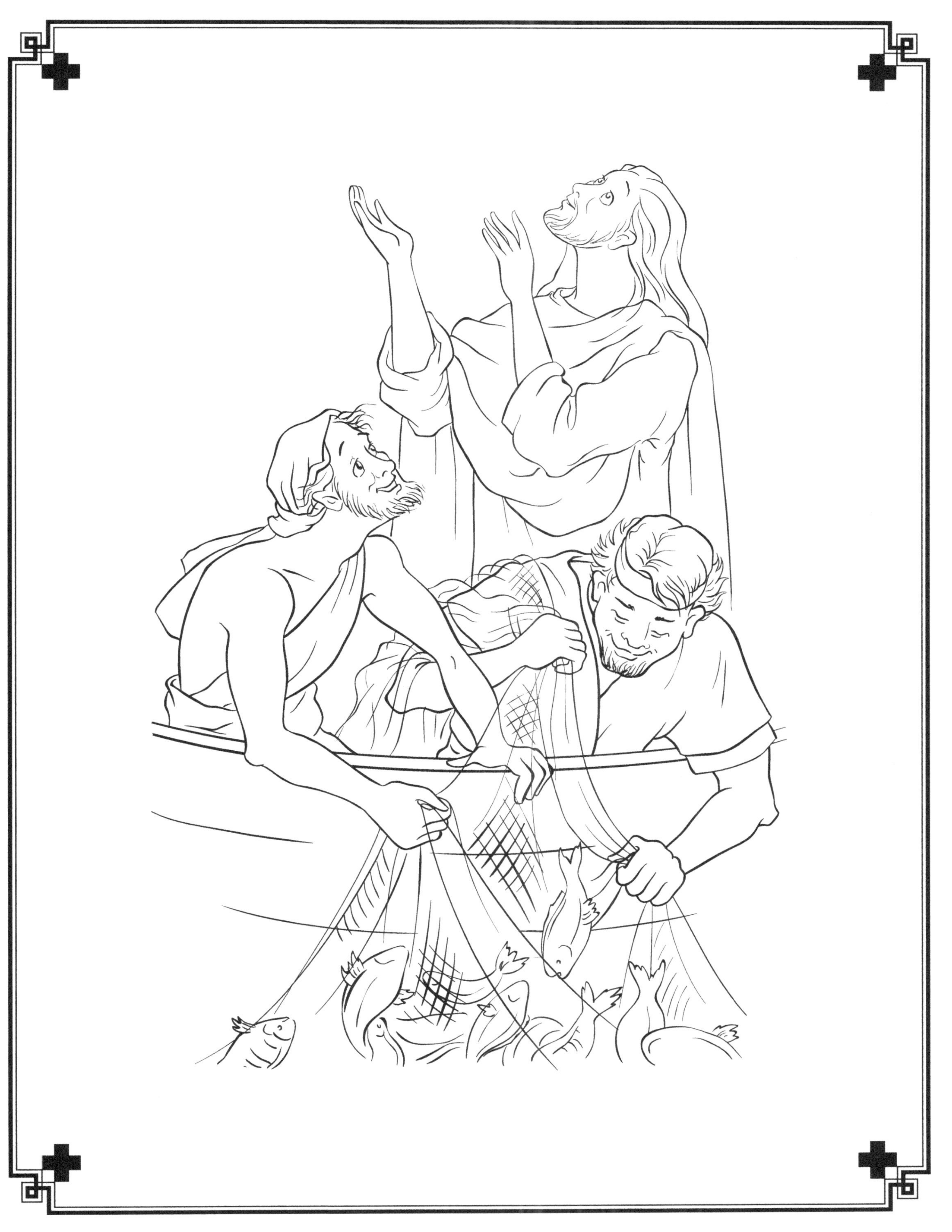

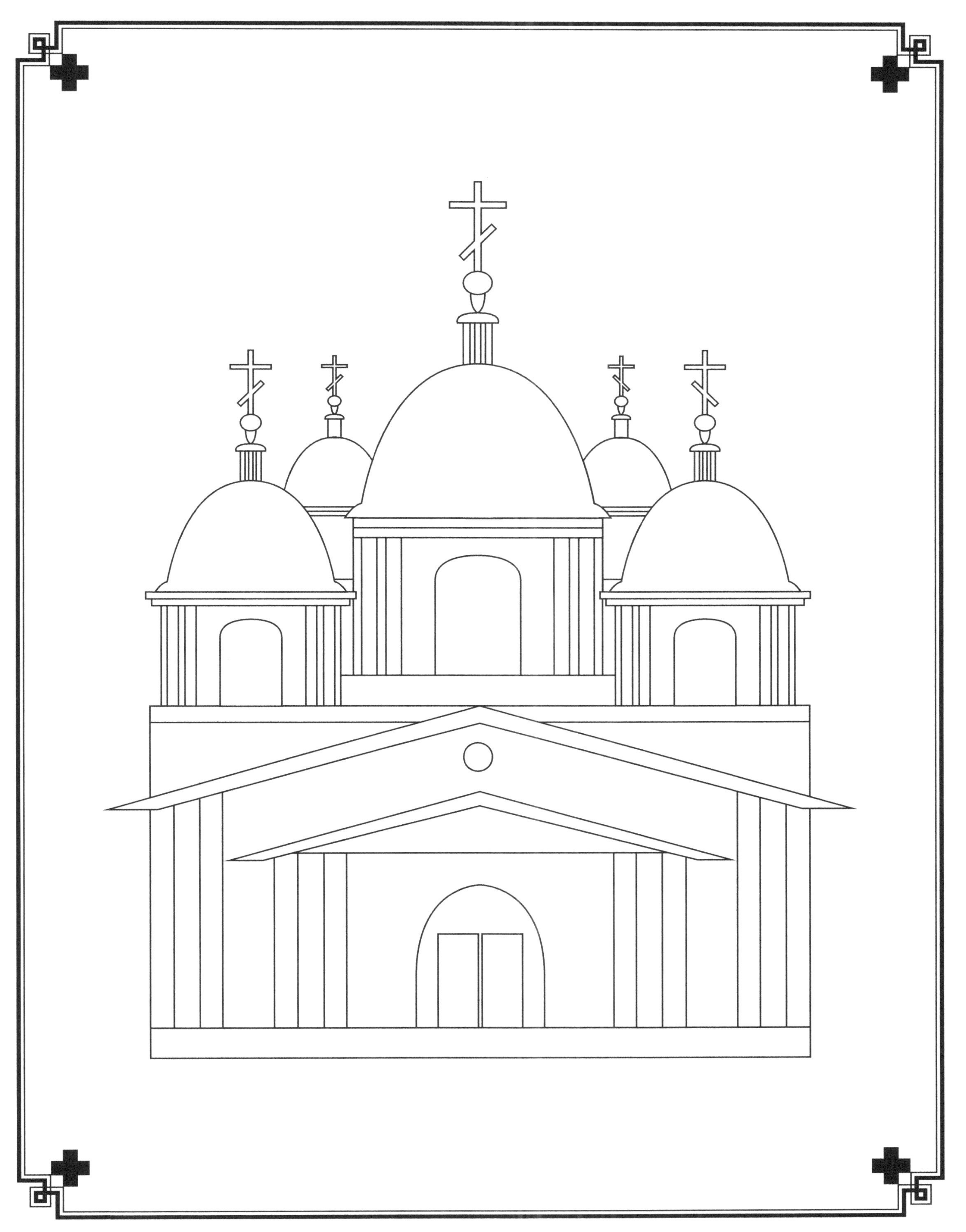

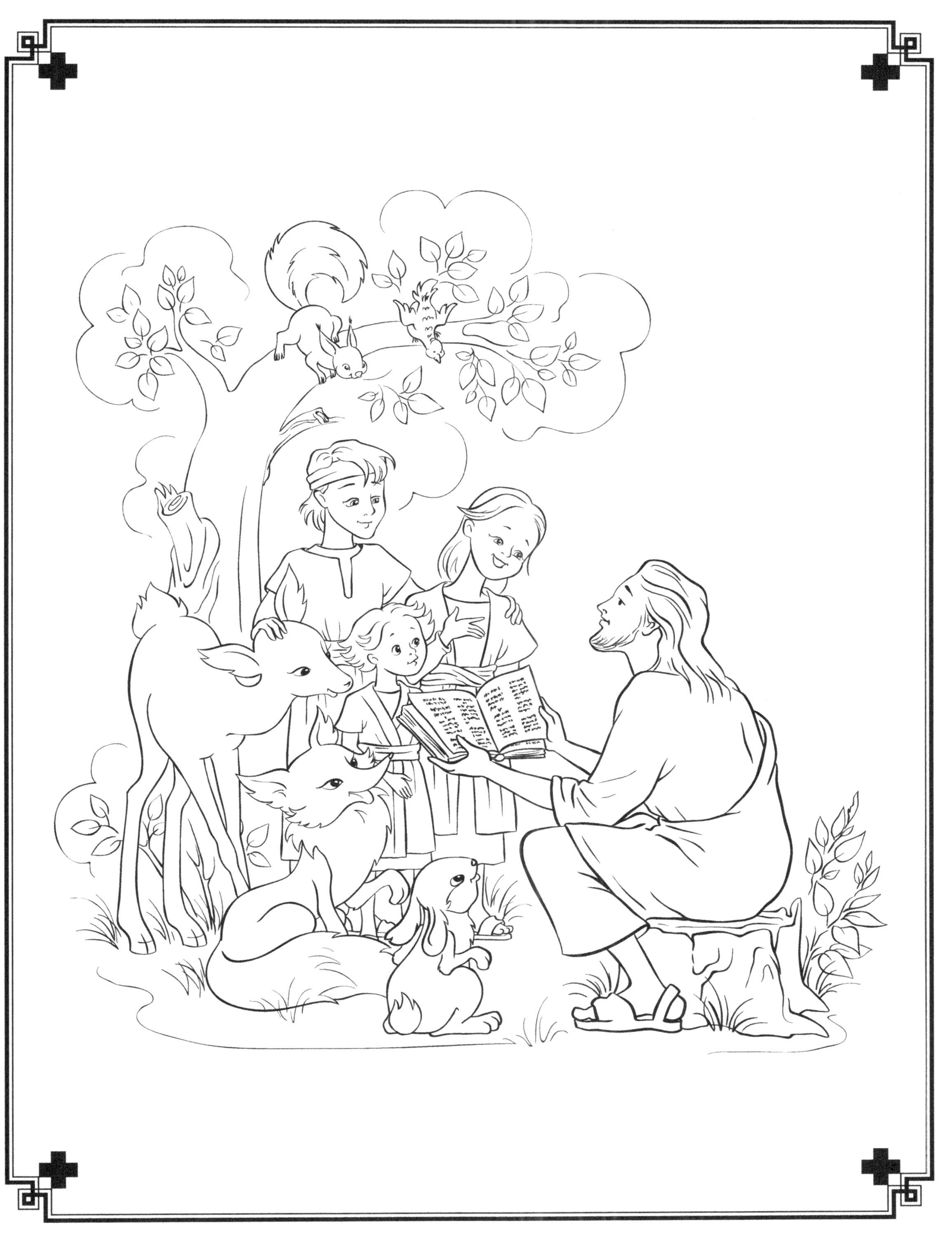

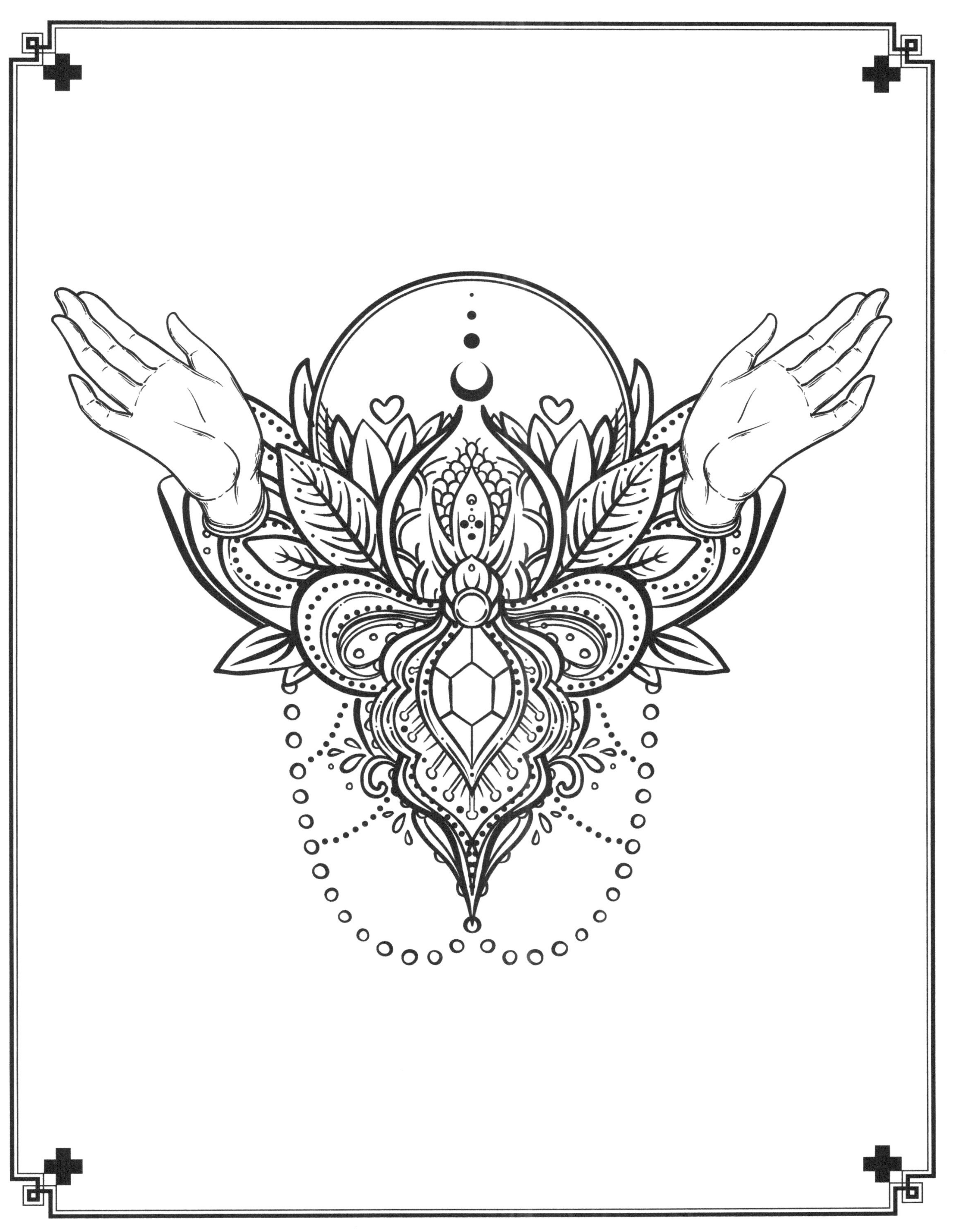

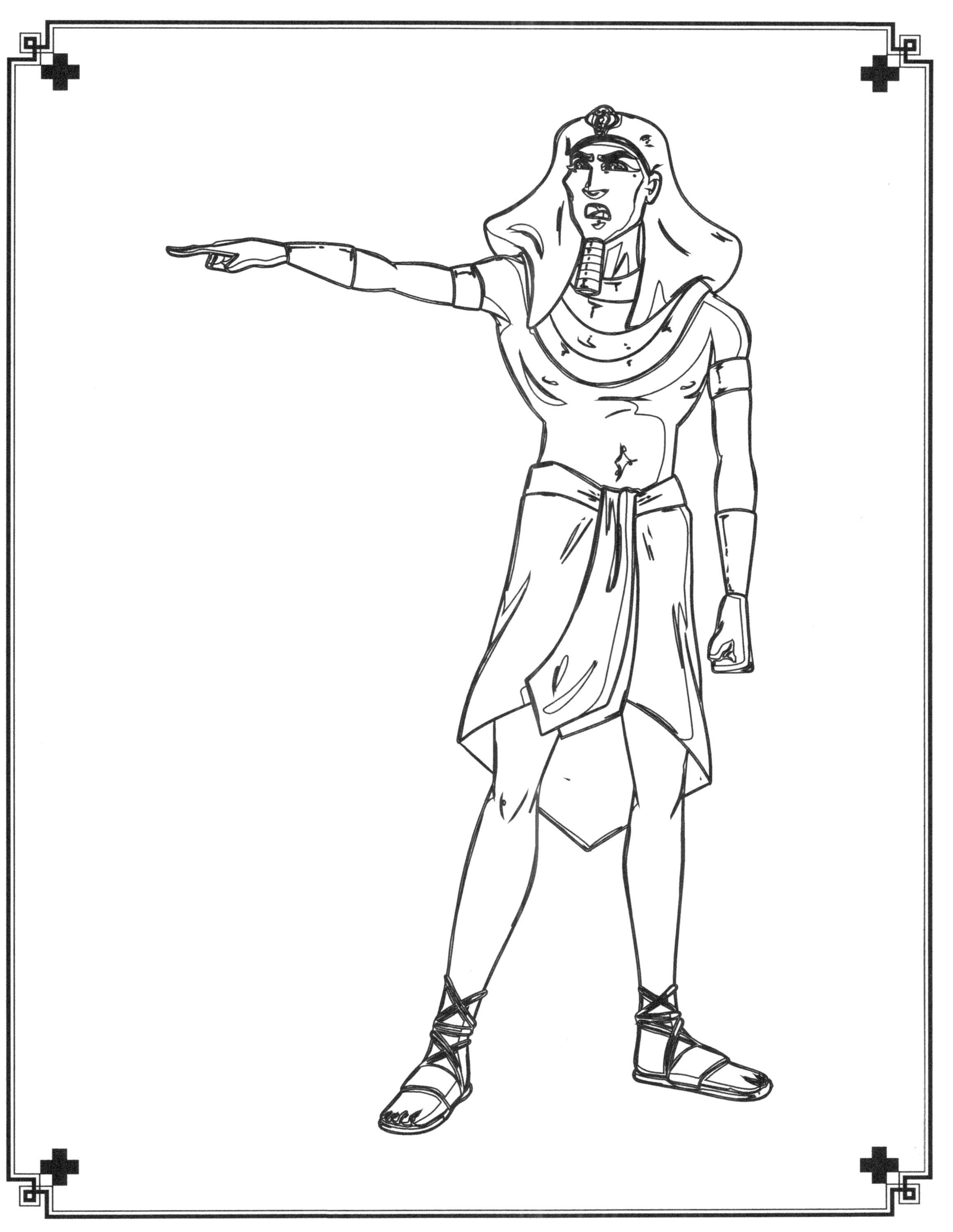

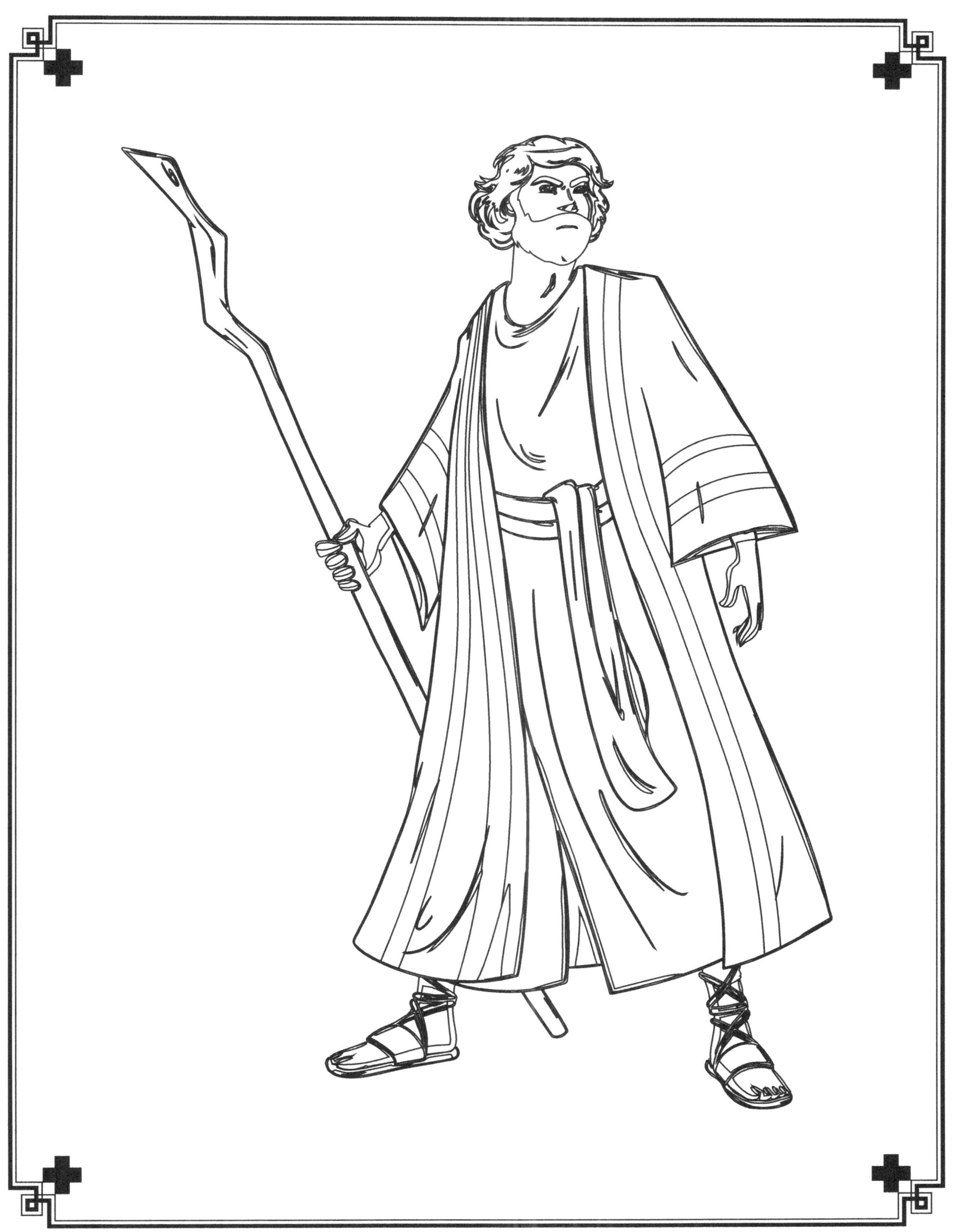

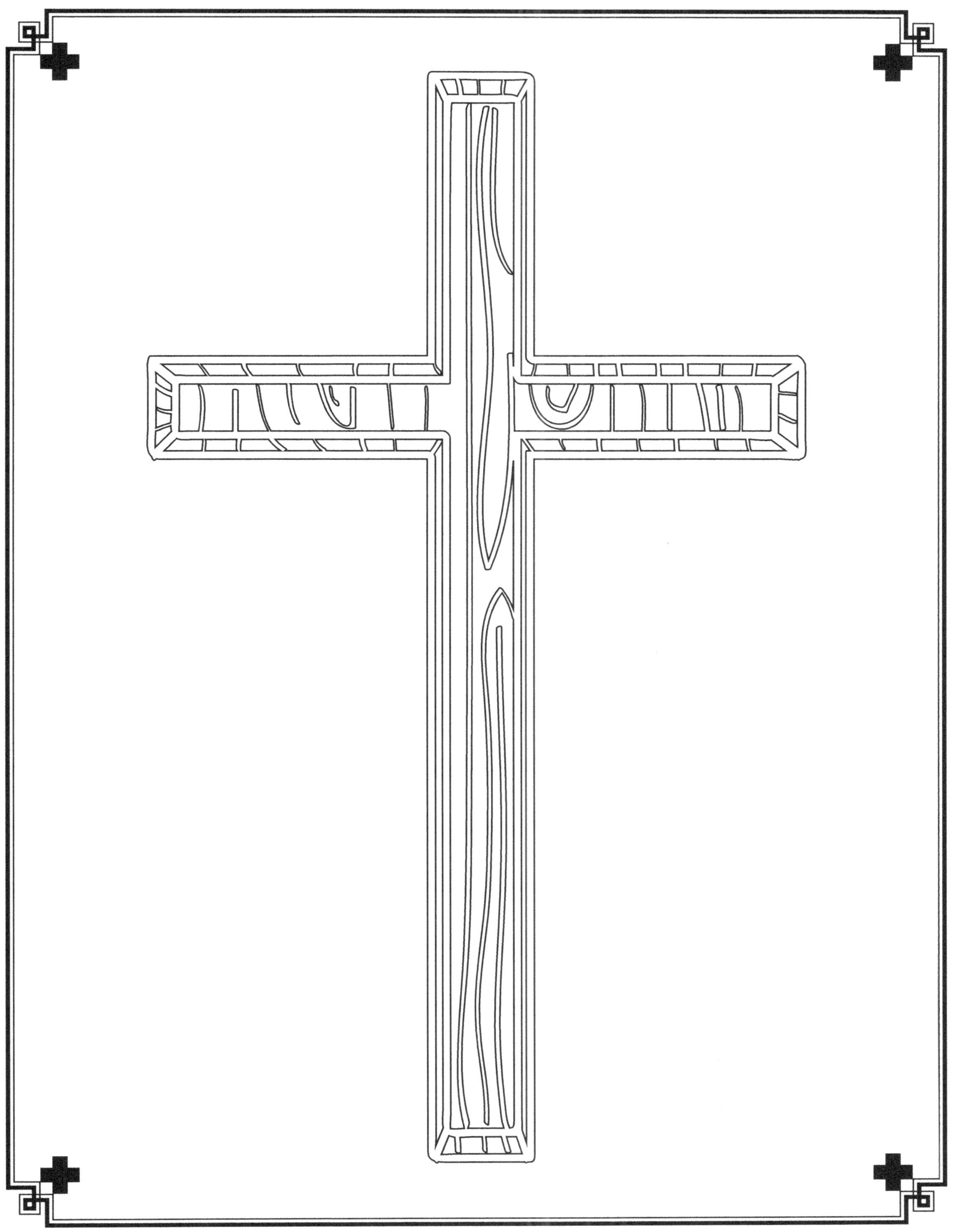

Made in the USA
Monee, IL
08 July 2026

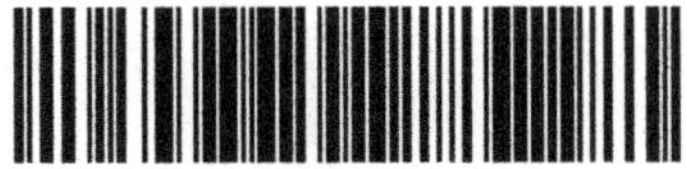

56709860R00037